다시 파리를 찾는 사람들을 위한

파리
슈브니르

파리
슈브니르

초판발행 2013년 1월 7일
초판 4쇄 2019년 1월 11일

지은이 이영지
펴낸이 채종준
기획 이혜지
디자인 박능원
교정 한지은

펴낸곳 한국학술정보(주)
주소 경기도 파주시 회동길 230 (문발동 513-5)
전화 031-908-3181(대표)
팩스 031-908-3189
홈페이지 http://ebook.kstudy.com
E-mail 출판사업부 publish@kstudy.com
등록 제일산-115호(2000. 6. 19)

ISBN 978-89-268-4028-3 03920

다시 파리를 찾는 사람들을 위한

파리
슈브니르

PARIS
SOUVENIR

글 / **이영지**
사진 / **유병서, 이영지**

이담
Books

Prologue

내가 파리에 와서 익숙하지 않은 것 중의 하나가 사람들이 나를 부를 때 '마담 유MADAME YOO'라고 하는 것이다. 어찌나 어색하고 나 자신이 격하된 것 같은지… 또한 한때 우리 집에서 몇 개월간 몇몇의 마담(?)들과 '서양미술사' 강의 모임을 했었는데, 그때 미술사 선생님이 우리 집을 '살롱SALON'이라고 지칭하는 게 아닌가. 그래서 나는 이름하여 살롱의 마담 유가 되었다. 한국에서는 이 단어의 뉘앙스가 참으로 이상하게 쓰이는데, 프랑스에서 살롱의 마담은 매우 품격 높은 표현이다. 우리말로 하자면 조선시대 명문가의 안방마님 정도. 이렇듯 프랑스에는 우리가 느껴 왔던 것과 다른 뉘앙스의 표현들이 많다.

또한 많은 사람들은 '프렌치FRENCH'라는 단어가 들어가면 뭔가 세련되고 멋진 것을 상상하며 열광한다. 예를 들어, 프렌치 스타일, 프렌치 와인, 프렌치 키스 등등, 프렌치라는 단어 하나로 그 가치가 달라짐을 알 수 있다. 그런데 언젠가 MBA 수업시간에 모든 학생을 대상으로 문제해결방식에 대한 설문을 하고 통계를 낸 후, 그 지표를 토대로 분석하는 강의를 들은 적이 있다. 이 통계를 보면 남녀별·연령별·국가별 비교에서 프랑스 학생들의 경우 대다수의 지표가 정규분포에서 벗어난 아웃라이어OUTLIER였다. 이때 다른 유럽 학생들은 서로의 눈을 쳐다보며 의미심장하게 '역시 프렌치야' 하는 것이 아닌가! 이렇듯 유럽인들 사이에서 느끼는 프렌치의 어감은 우리가 생각하는 것과 많이 다르다는 것도 알게 되었다. 이들에게 '프렌치'란 시크CHIC하고 세련됨을 나타내기보다는, 그 이면에 남과 어울리기에는 너무도 다른, 그런 프랑스인들을 표현하는 어감이었다.

이에 'Chapter 2'에서는 우리가 인식하고 있는 파리, 파리지엥, 프랑스 이면에 있는 또 다른 스토리와 의미를 소개했다. 우리가 열망하는 프랑스인들의 삶과 문화를 이해하기 위해, 그것들이 형성되어 온 역사적·사회적 맥락과, 지난 3년간 머물며 느끼고, 좀 더 깊이 알게 된 정보들을 하나하나 적어 보았다.

'Chapter 1'에서는 그들의 삶의 모습을 이해하기 위해 '프랑스에서 즐길 수 있는 먹을거리'를 가지고 풀어나갔다. 특히, 그들이 열광하는 먹을거리, 예를 들어 마카롱, 커피, 쇼콜라(=초콜렛) 등의 숨겨진 의미와 스토리를 살펴보며 그들을 한층 더 이해하는 기회를 가질 수 있도록 했다. 또한, 우리에게 '프랑스 요리'라는 한 가지 단어로 표현되는 그들의 '먹을거리'를 지역별·계절별·국가별, 그리고 종교적인 테마로 나누어 봄으로써 보다 의미 있게 즐길 수 있게 소개해 보았다. 프랑스에서 요리는 단순한 요리를 넘어 또 하나의 대표적인 문화인 만큼, 그들의 삶의 방식과 지혜가 녹아 있는 요리

문화를 통해 프랑스인들의 과거와 현재를 엿보고자 했다. 마지막으로 프랑스인들의 생생한 삶의 현장인 '재래시장'의 모습을 통해 그들의 식문화를 체험할 수 있도록 했으며, 파리 여행을 준비하는 분들이 반드시 경험을 하였으면 하는 맘으로 파리 시내 재래시장의 장소와 운영시간 등의 정보도 제공하였다.

파리에 와서 프랑스인들은 마케팅에 강하다는 생각을 했다. 와인, 패션, 하다못해 파리라는 도시까지 마케팅함으로써 사람들에게 파리를 하나의 로망ROMAN으로 만들었다. 와인의 본고장은 이탈리아이지만, 프랑스가 이를 체계화하고, 스토리를 정리하여 마케팅함으로써 프랑스 와인이 이탈리아산보다 몇 배의 가치를 지니게 된 것만 봐도 알 수 있지 않은가. 이렇듯 마케팅에 강한 프랑스인들의 모습을 엿보기 위해 Chapter 3에서는 파리 내 마케팅 현장들을 살펴보았다. 그 현장 속에서 보고, 느끼고, 생각하며 파리지엥들을 다시금 이해하는 시간을 가졌다.

마지막 'Chapter 4'에서는 지난 3년간 행복했던 시간을 기록하여 훗날 가족과 함께 나눌 이야기와 추억을 남기고 싶었다. 그래서 가족과 함께했던 파리, 프랑스에서의 시간 중 오래오래 기억하고 싶은 아이템들과 장소들을 담았다. 파리와 프랑스에서 한 개인으로서 즐기고, 남기고 싶은 기억들을 적었기에 조금은 주관적이고 사적인 표현과 이야기일 것이다. 행복한 기억이 많은 사람일수록 고난과 어려움을 견뎌내는 힘이 더 크다고 한다. 훗날 힘들고 슬플 때 가족과 함께 읽어 내려가며 행복했던 기억으로 이겨내는 힘이 되었으면 하는 바람을 담아 적어 보았다.

파리에 와서 그들의 삶의 context 안에서 보이는 것들을 정리해 보고자 했던 이유는, 파리에 처음 와서 느꼈던 생소함이, 시간이 흐르면서 사라져버리지 않을까 하는 두려움에서였다. 그래서 파리지엥들의 생각과 삶의 방식에 완전히 젖기 전에 이방인으로서 느꼈던 나의 첫 느낌을 그대로 적어 보고 싶었다. 또한 각각의 글 마무리에는 친구, 친인척, 나의 딸이 성장하여 파리에 간다면 꼭 전해 주고 싶은 이야기와 장소 등을 소개함으로써 실용성을 높였다. 독자들 역시 이 책을 통해 파리의 주요 관광지만을 스치듯 지나가는 것이 아닌, 파리지엥들의 삶에 빠져들어 공감하는 여행을 하였으면 하는 바람이다.

2012년 12월
이영지

Contents

CHAPTER 3

이 도시의
마케팅

CHAPTER 4

맘에 담아 가고 싶은
파리, 그리고 프랑스

마카롱

나에게 '마카롱' 하면 떠오르는 이미지는 형형색색의 곱디고운 색깔의 과자였다. 파스텔톤의 빨갛고 노랗고 분홍빛, 혹은 아몬드 빛깔 등 다양한 컬러의 마카롱. 특히, 마카롱으로 유명한 라듀레^{LA DURÉE}의 시그니처 컬러인 민트, 아니 라임이나 파스타치오 같은 컬러, 이것이 나의 뇌리에 박힌 마카롱의 컬러였다.

그러던 어느 날 보르도 근처의 생테밀리옹^{SAINT-ÉMILION}에 방문하여 접한 과자가 있었는데, 흐릿한 황토빛에 마구 찌그러진 모양이었다. 그런데 그 과자의 이름이 '마카롱^{MACARON}'! 난 뭔가 잘못 적힌 것이 아닌가 하고 다시 푯말을 보았다. 그러나 역시 '마카롱'이라고 적혀 있는 것이 아닌가? 나중에 알아보니 프랑스에는 그 모양과 컬러, 맛이 다양한, 지방마다의 특색 있는 마카롱들이 있었다.

오베르뉴 지방의 마시악 마카롱

피에르 에르메 마카롱

마카롱은 아몬드 파우더, 설탕, 달걀 흰자 거품으로 만든다. 하지만 그 재료들의 배합과 방법은 지역마다 다르고 그 모양 또한 다양하다. 지역별로 살펴보면, 파리의 마카롱, 노르망디 근처의 아미앵AMIENS 마카롱, 브레타뉴의 샤또랭CHÂTEAULIN 마카롱, 샤렁뜨CHARENTES의 몽모히옹MONTMORILLON 마카롱, 보르도 지역의 생테밀리옹SAINT-ÉMILION 마카롱, 바스크 생장드루즈SAINT JEAN DE LUZ의 마카롱, 오베르뉴AUVERGNE의 마시악MASSIAC 마카롱, 알자스의 낭시NANCY 마카롱, 로렌 지방의 불레이BOULAY 마카롱 등이 있다. 파리 마카롱을 제외하고는 보통 우리가 먹는 일반 버터쿠키같이 생겼다. 마카롱이라고 표현하기에는 너무도 촌스럽고 투박해 보이지만 다양한 모양 만큼이나 그 맛도 지방별로 다양하고 개성이 강하다.

예를 들면, 불레이 마카롱은 아몬드가 가득 들어 있어 그 씹는 맛이 독특하고 무척이나 바삭한 반면, 마시악 마카롱은 아몬드가 아닌 헤이즐넛을 이용해 커피에서 느끼는 풍미를 즐길 수 있다. 생테밀리옹 마카롱은 와인 원산지답게 소테른이라는 달달한 와인을 첨가하여 깊은 맛을 더해, 생긴 것과는 다르게 세련된 맛을 자랑한다. 몽모히옹 마카롱은 어려서 센베이 과자랑 같이 먹던 옛날 버터 과자같이 생겼다. 겉모양에 비해 부드러운 속을 자랑하는 이 과자는 우리가 생각해 온 마카롱의 이미지를 180도 바꿔 준다. 반면, 마카롱 중 가장 크기가 크게 만들어지는 브레타뉴의 샤또랭 마카롱, 쿠키와 같이 단단한 원형 모양의 아미앵 마카롱, 졸인 설탕에 재료들을 넣어 만든 알

영화 '마리 앙투아네트Marie Antoinette', 2006

자스 지방의 낭시 마카롱 등 우리가 생각했던 것과는 판이한 마카롱들이 프랑스에는 많다.

8세기 이탈리아 수도원에서부터 만들기 시작한 마카롱은 16세기 카트린 드 메디치가 프랑수아 1세의 며느리로, 앙리 2세의 배우자로 시집을 오면서 프랑스에 전해졌다고 한다. 이때 카트린 드 메디치는 마카롱 외에 아이스크림, 각종 과자류, 그리고 은식기, 이를 다루는 매너 등을 전하면서 프랑스 식문화에 지대한 영향을 주었다. 카트린 드 메디치에 의해 전해진 마카롱은 지방별로 오랜 시간 동안 다양한 맛과 모양으로 지역에 따라 변화된 것이다.

하지만 현재 우리에게 일컬어지고 있는 마카롱은 파리의 마카롱, 즉 알록달록한 색상에 다양한 필링FILLING으로 채워진 마카롱이다. 작가이자 사회개혁운동가였던 루이 어니스트 라듀레LOUIS-ERNEST LADURÉE는 더 이상 글을 쓰기 어려운 사회적 현실로 인해 1862년 파리 휘 로얄RUE ROYAL에 '라듀레LA DURÉE'라는 패스트리 가게를 차리게 되었다. 그리고 1930년에 그의 손자인 피에르 데폰텐PIERRE DESFONTAINES이 두 개의 쉘SHELLS 사이에 가냐슈GANACHE 크림을 넣은 현재 모양의 더블데커DOUBLE-DECKER 마카롱을 개발하였다. 또한, 당시 카페가 남성들의 전유물이라 그곳에 출입을 할 수 없었던 여성들을 위한 살롱 드 떼SALON DE THÉ, 티룸(TEAROOM)를 패스트리 가게에 오픈함으로써 명성을 얻기 시작했다고 한다.

개인적으로 나에게는 마카롱 하면 단연 라듀레 마카롱이다. 반면, 이와 쌍벽을 이루는 브랜드로는 피에르 에르메PIERRE HERMÉ가 있지만 내가 라듀레를 좋아하는 이유는 라듀레의 마케팅력 때문이다. 1993년 '폴PAUL'이라는 베이커리를 운영하는 그룹 홀더HOLDER가 라듀레를 인수한 후 공격적인 마케팅을 시작했다. 영화 '마리 앙투아네트MARIE ANTOINETTE, 2006'에 나오는 패스트리를 담당함으로써 영화를 통해 라듀레의 이미지를 끊임없이 느끼게 하고, 갖가지의 패키지와 포장 개발을 통해 라듀레 마카롱의 컬러와 이미지를 고객에게 확실히 심어 주고 있다. 또한 예쁘고 먹음직스러운 디저트라는 것과 더불어 그것을 담는 박스, 그것과 더불어 함께 소유하고 싶은 다양한 아이템(요리책, 수첩, 지갑, 최근에는 향수도 론칭함)들을 개발하여 브랜드 범위를 확대하고 있다.

더구나 각양각색의 패키지를 유명 디자이너들과의 공조를 통해 개발함과 동시에 이에 걸맞은 마카롱의 맛과 컬러 또한 매년 선보임으로써 끊임없는 도전과 다양한 영역과의 커뮤니케이션 전략을 구사한다. 예를 들어, 2009년에는 무화과와 대추야자 열매로 맛을 낸 마카롱 출시를 기념으로 슈즈 디자이너 크리스챤 루부탱CHRISTIAN LOUBOUTIN과 함께 새로운 디자인을 선보였고, 2010년에는 디올DIOR 수석 디자이너였던 존 갈리아노JOHN GALLIANO와 함께 매년 새로운 이미지를 창조하는 데 끊임없이 노력한다. 이제는 앉아서 고객을 기다리는 것이 아니라 이동매대를 통해 유명 백화점, 베르사유 궁전 정원, 하다못해 파리를 나가는 마지막 순간에도 라듀레 마카롱을 사 갈 수 있도록 공항 출국장 앞에도 진출해 있다. 라듀레의 마카롱이라는 아이템을 통해 프랑스 파리를 대표하고자 하는 노력이 그 놀라운 맛과 더불어 나를 감탄시킨다.

🔼 Paris 유명 마카롱 전문점

라듀레 La Durée
마카롱은 물론 각종 패스트리와 브런치를 즐길 수 있는 곳
75, Avenue des Champs Élysée, 75008, Paris

피에르 에르메 Pierre Hermé
보다 세련되고 다양한 필링FILLING의 맛을 제공
38, Avenue de l'Opéra, 75002, Paris

커피와 카페문화

내가 커피를 마시기 시작한 것은 고등학교 1학년 때 독서실 커피 자판기를 통해서
이다. 그렇게 잠을 피하겠다는 목적으로 마시기 시작한 씁쓸하고 달달한 자판기
커피를 대학 입학 후에 캠퍼스 내에서 즐기게 되니 그 맛이 더 좋았던 것 같다. 대학
에 들어갔다는 사실도 즐거웠고 그 캠퍼스에서 아침 일찍 등교할 때마다 뽑아 마
시는 자판기 커피 맛도 지금 생각하면 꿀맛이었다. 또한 그즈음, 한국에는 향커피
FLAVORED COFFEE가 유행하기 시작하여 잠시나마 카페에서 헤즐넛, 프렌치 바닐라, 마
카다미아 등 갖가지 향의 커피를 즐겨 본 적도 있었다. 물론, 향커피는 미국에서 팔
리지 않아 남은 커피 재고가 쌓이자 그것에 향을 혼합하여 만든 것이라, 1994년에
국내 수입이 금지되었던 사실은 몰랐지만…. 대학 졸업 후 사무실에서 마시는 커피
믹스 맛도 좋았고 훗날 스타벅스의 캐러멜 마키아토 역시 나의 새로운 커피 역사였
다. 이렇게 커피는 나에게 작은 여유와 마음의 행복을 주는 도구였다. 그런데 그 나
의 커피 역사가 파리에 오면서는 프렌치 프레스에 내려 마시는 모닝커피와 오후의
나른함을 한 번에 씻어 주는 에스프레소로까지 발전했다. 커피만으로 돌아보아도
하나의 역사가 있는 걸 보면 나도 이제 나이가 들었나 보다.
영국과 달리 프랑스는 커피를 즐겨 마시는 나라이다. 어디든 카페가 있고, 아침 일
찍 출근길에도 에스프레소 한 잔을, 화창한 날에는 당연히 노천카페에 앉아 에스

프레소 한 잔을 하는 것이 이들의 생활 자체이다. 또한, 위도가 높고 저기압인 날씨 (흐리고 싸늘한 날씨) 탓에 오후에는 에스프레소에 설탕을 1개 혹은 2개를 잔뜩 녹여 초콜릿 하나와 마셔 주어야만 기분전환과 원기회복을 할 수 있다. 뿐만 아니라, 프랑스 코스 요리 끝에 오는 거북함을 잠재우고, 입가심을 하기 위해서는 진한 에스프레소 한 잔이 꼭 필요하다.

6~7세기경 아프리카 이디오피아에서 발견되어 이집트를 거쳐 터키로 전해져 술을 금기시하던 이슬람교도들의 음료로 시작된 커피는 십자군 원정 때(11~12세기) 유럽에 소개되기는 하나 이교도 음료라 하여 배척을 받게 된다. 하지만 1615년부터 베니스 상인들에 의해 유럽에 본격적으로 확산되기 시작했다고 한다.

이러한 역사를 모른 채, 터키와 모로코 카사블랑카, 이집트를 여행하던 중 그들이 마시는 검은색의 음료가 커피라는 것을 보고, 그리고 그들이 앉아 그것을 즐기던 허름한 그 장소가 카페CAFÉ라는 것을 알고 나는 유럽의 카페가 이곳으로 이런 모습으로 전달되었다고 생각했다. 하지만 반대로 터키는 물론 아라비아 반도의 메카를 중심으로 한 카이로 등지에서 카페가 등장, 터키의 지배를 받고 있던 일부 유럽 나라들에 의해 17세기 중반 프랑스 남부 항구도시인 마르세유에 전파되면서 프랑스의 도시와 마을에 많은 카페가 등장해 번창하게 된 것이란다.

초기 카페 가운데 유명한 곳이라면, 이탈리아 시칠리 섬에서 건너온 프로코프라는 사람이 1686년에 연 '르 프로코프LE PROCOPE'를 들 수 있다. 지금도 나폴레옹이 쓰던 모자가 있다 하여 한국에서 파리를 방문하는 친구나 지인들이 있으면 모시고 가는 곳으로, 생 제르망 데프레SAINT GERMAIN DES PRÉS 근처라 관광 겸 방문하기 좋다.

과거 프랑스에서의 카페는 단순히 커피를 즐기는 장소뿐 아니라 비즈니스를 비롯한 다양한 정보를 교환하는 사교장으로도 인기를 모았는데, 정치가, 작가, 예술가, 학자, 상인 등 모든 계층의 사람들이 모이면서 일종의 토론장으로 발전했다. 물론, 이때 카페는 남성들의 전유물로 여성 출입이 금기시되었다고 하는 안타까운 이야기가 있다. 이어 이러한 카페에서 탄생한 새로운 사상이나 예술은 시민 계급의 의식을 바꾸는 계기로 작용했고 마침내 프랑스 혁명의 원동력이 되었다고 한다.

마네_폴리베르제르Folies-Bergère의 바Bar, 코톨드 미술관

반면, 19세기 나폴레옹 3세 때 오스만 공작의 파리 재개발 프로젝트를 통해 현재의 큰 도로BOULEVARD, AVENUE들을 세우면서 거리에는 지금 카페 모습들이 등장하게 되었다고 한다. 19세기 이후 파리의 카페는 근대화의 상징 중 하나였으며, 수많은 화가와 예술가들의 모임장소가 되었다. 그리고 이러한 근대화된 도시 사람들의 모습을 그림에 담기 시작하면서 특히 19세기 후반부터는 회화 소재로 카페를 많이 등장시키기 시작한다. 특히, 마네MANET의 '폴리베르제르의 바'는 당시 파리의 대표적인 카페 꽁세르CAFÉ-CONCERT를 그린 것이다. 이곳 카페 꽁세르는 사람들이 담소를 즐길 뿐 아니라 무대도 있어 연극이나 가수들의 공연을 볼 수 있었다고 한다. 하지만 현재 이러한 카페 꽁세르 형태의 카페는 사라지고 브라세리BRASSERIE를 겸한 카페CAFÉ 혹은 살롱 드 떼SALON DE THÉ 형태로만 남아 있다.

파리에는 카페(즉, 브라세리)가 참 많다. 오래되고 역사가 있는 곳들도 많다. 그래서 많은 관광객들이 그러한 카페를 찾는다. 헤밍웨이가 다녀간 카페, 피카소 등 예술가들이 담소를 나눈 카페, 200여 년의 역사를 자랑하는 카페 등등. 그러한 곳에서 그들과 같은 모습으로 공감하고 싶어 방문하는 것 같다.

하지만 파리지엥들한테 카페는, 특히 동네나 직장 근처의 카페는 '동네 사랑방' 같은 곳이다. 집을 나서면서, 출근해서 회사에 들어가기 전에 아침을 시작하는 곳이며, 낮에는 나른한 오후를 견뎌내기 위해, 혹은 화창한 햇살을 즐기기 위해 머물게 되고, 퇴근길에는 맥주 한잔을 걸치며 하루의 피곤함을 잊기 위한 곳이다. 주요 무대가 카페인 드라마를 보니 카페 주인 아주머니는 동네 주민들의 상담사이자 해결사 역할을 한다. 이렇듯 [보통 주요 도로변에 있는 동네 큰 카페(브라세리)] 주인들은 그곳에서 오랫동안 카페를 운영해 왔기 때문에 동네 터줏대감이다. 그곳에서 일하는 종업원(?)들도 10여 년 이상 일하는 사람들이 많다. 프랑스 사람들은 한 가지 일을 꾸준히 잘하는 것 같다. 전통 있는 카페에 가면 나이가 지긋이 든 분들이 서빙을 하는데, 아마 이분들도 10년 혹은 20년, 아니 30년 이상 일하신 경우일 것이다. 드라마 속 카페 주인은 부인이 치매 판정을 받았다며 울적한 맘을 달래기 위해 카페에 들른 할아버지를 위로하고, 실직한 젊은 청년을 격려하고, 주변 직장인들의 말벗이 되어 준다. 사실 나 자신도 1년 동안 학교를 다니면서 들른 카페들이 몇 군

데 있었다. 아침 일찍 수업이 시작되기 전에 한 번, 오후에 한 번, 이렇게 1년간을 들르다 보니 불어를 잘 못하는 나에게도 반가운 인사를 나누어 주고 그들 기분이 좋은 날은 공짜 커피도 주고, 매번 그곳을 출근하듯이 오는 사람들과 눈웃음을 주고받기도 했다. 지금 파리의 카페는 우리가 생각하듯 시류를 논하고 예술에 대한 고민을 나누는 곳이기보다는 서민들의 작은 보금자리라 말하고 싶다.

반면, 파리에서는 한국과 같이 다양한 커피를 즐기지는 못한다. 보수적인 면이 강해 신新문화를 잘 받아들이지 않고 기존 카페의 텃새(카르텔과 같은 조합이 강함) 등으로 스타벅스 같은 프랜차이즈 형태의 커피전문점이 타 유럽권 국가에 비해 확산율이 낮다. 그래서 한국처럼 드립커피라든가, 캐러멜 마키아토, 캐러멜 시럽, 바닐라 시럽 등등은 일반 카페에서는 찾아보기 힘들다. 프랑스 카페에서 먹을 수 있는 것은 단순히 그냥 '카페CAFÉ', 즉 에스프레소ESPRESSO를 뜻하는 커피다.

여기에(에스프레소 잔에) 아주 약간의 우유를 첨가해 먹으면 카페누아젯CAFÉ NOISETTE이라 부르고 일반 사이즈의 커피잔에 스팀으로 데운 우유를 에스프레소와 믹스해서 주면 이는 '카페크렘' 혹은 '카푸치노'라고 한다. 또한 아메리카노와 비슷하나 맛이 조금 더 진한, 에스프레소에 물을 첨가해서 연하게 마시는 '카페 알롱제'CAFÉ AL-LONGÉ: 불어로는 늘인다는 뜻가 있다.

프랑스인들은 커피와 디저트를 동시에 먹지 않는다. 파리에 와서 처음에는 디저트를 먹으면서 '왜 커피를 늦게 주는 건가?', '왜 꼭 디저트를 다 먹고 난 후 커피를 내오는 것인가?' 좀 이상했다. 프랑스 요리 코스는 반드시 디저트를 다 먹은 후 커피로 입가심을 하는데, 우리 동네 프렌치 레스토랑 주인은 한국사람들의 습관을 잘 알아서 그런지 이제는 커피와 디저트를 동시에 내오기도 한다.

네슬레에서 운영하는 네스프레소NESPRESSO는 또 하나의 커피 문화를 만들어 냈다. 캡슐을 통해 다양한 향과 풍미의 에스프레소를 아주 간편하게 먹을 수 있도록 해 순식간에 많은 이들의 사랑을 받았다. 또한 1년에 2회 70유로 환불 마케팅을 통해 에스프레소 머신 판매를 독려했고, 네스프레소 로드숍ROAD SHOP은 그들의 문화를 즐기고 감탄할 수 있도록 했다. 예를 들어, 다양한 컬러의 캡슐 전시와 네스프레소를 보다 풍요롭게 즐길 각종 도구(커피잔, 스푼, 설탕, 우유거품기, 초콜릿)들을 통해 커피와 누릴 수 있는 다양한 문화를 제공한다. 그리고 무료 시식과 캡슐 구매를 하는 고객들을 긴 줄에 기다리게 하는 전략으로(이러한 전략은 루이뷔통의 판매 전략 중 하나임), 희소가치를 느끼도록 한다.

오후의 나른함은 에스프레소로 달래지만, 아침에는 뭐니뭐니해도 프렌치 프레스

FRENCH PRESS로 즐기는 커피가 일품이다. 물론, 프랑스 사람들은 아침식사로 주로 카페오레만, 혹은 카페오레와 크로와상/타르트TARTE를 먹지만, 난 언제나 프렌치 프레스로 추출해서 마시는 커피로 하루를 시작한다. 프렌치 프레스는 피스톤처럼 내리누르는 방식의 커피 조리기구로 이를 맛있게 먹으려면 당연 맛과 향이 풍부한 원두를 사용해야 한다. 파리에서는 한국과 같이 로스팅이 훌륭한 곳을 찾기가 어렵지만, 파리 전통 상설 시장 거리인 무프타 거리MOUFFTARD에 있는 블루레리 데 떼흐느BRULERIE DES TERNES나 휘드 쉐세미디RUE DU CHERCHE MIDI에 있는 꼼드아 드 리샤드COMP-TOIRE DE RICHARD의 원두는 권하고 싶은 브랜드들이다. 좋은 원두에 로스팅을 잘해서 그런지 바로 갈아 마시면 쓴맛보다는 부드럽고 달달한 갖가지의 맛이 입안 전체에 퍼진다.

◘ Paris 유명 원두커피 전문점

블루레리 데 떼흐느 Brulerie des Terne
매장 인테리어나 기타 커피 관련된 컬렉션보다는 맛과 향으로 승부
111, rue Mouffetard, 75005, Paris

꼼드아 드 리샤드 Comptoire de Richard
커피 및 차와 관련된 토털 컬렉션을 제공
48, rue du Cherche-Midi, 75006, Paris

벨렛 Verlet
파리 명품 거리 중 하나인 생토호노레에 위치하고 있음에도 불구하고 60년대 찻집 같은 분위기
172, rue St. Honoré, 75008, Paris

◘ Paris 유명 전통 카페

르 프로코프 Le Procope
1686년 지어진 파리에서 가장 오래된 카페. 18세기에는 볼테르, 벤저민 프랭클린 등 사상가들의 본거지로 파리 전통 음식인 꼬꼬뱅도 즐길 수 있음
13, Rue de l'Ancienne Comédie, 75006, Paris

라 호통드 La Rotonde
대로변 몽파르나스와 하스펠 교차로에 위치한 카페로, 1900년대 초 유행이던 건축 양식인 돔(Dome)과 둥근 천장(Couple), 아르데코 방식 등 옛 파리를 느낄 수 있는 카페
105, Boulevard Montparnass, 75006, Paris

카페 드 플로르 Café de Flore
세계 2차 대전 이후 거의 변화하지 인테리어를 감상하며 당시 예술가와 지식인들이 어떻게 시류를 논했는지 한번 생각에 빠져 볼 만한 카페
172, Boulevard de Saint-Germain, 75006, Paris

카페 드 라페 Café De la Paix
소위 '평화다방'이라는 곳. 오페라를 바라보면서 노천카페에서 간단한 음료와 커피도 즐길 수 있으며, 1862년 모습의 레스토랑 안에서 호텔 고급 브런치도 제공됨
12, Boulevard des Capucines, 75009, Paris

카페 뒤 마고 Café Deux Magot
1800년대 말 유명 예술가와 문학가들의 본거지로 유명했던 곳으로 현대에는 관광객들의 필수 코스가 된 카페. 겨울철에는 옛날 스타일의 핫초콜릿(Chocolat chaud Ancienne)을 즐겨 볼 만함
6, Place Saint-Germain des Près, 75006, Paris

French Passion Ⅲ

쇼콜라Chocolat

바캉스 기간이 지나고 9월에 접어들면 마켓에는 이제 온갖 종류의 초콜릿과 와인이 전시되기 시작한다. 파리에 온 첫해, 이런 현상을 보고는 프랑스 사람들은 정말 인생을 맘껏 즐긴다고 생각하며 부러워했다. 바캉스를 보내느라 열심히 놀다 지치면 이제 먹을거리를 가지고 그들의 행복을 추구한다고 생각했기 때문이다.

그런데 9월이 지나 10월, 점차 겨울에 다가갈수록 나 또한 초콜릿을 입에 달고 살기 시작하였다. 어느 날 거리를 거닐다 오후 서너 시경에 너무 지친 나머지 진한 쇼콜라 쇼CHOCOLAT CHAUD, 영어로는 핫초콜릿HOT CHOCOLATE 한 잔을 마셨더니 번쩍 정신이 들더니 온몸에 힘이 솟는 느낌이 들었다. 그 후 몇 시간은 더 걸을 수 있을 것 같은 느낌, 단번에 원기회복이 되는 느낌. 사실 태어나 그런 느낌은 처음이었다. 그 후로 나는 쇼콜라 쇼를 좋아하게 되었고 프랑스인들이 왜 초콜릿을 광적으로 찾는지 알게 되었다.

사실 프랑스의 쇼콜라 쇼는 한국이나 미국에서 말하는 핫초콜릿과는 다른 것이다. 한국이나 미국에서는 우유에 코코아가루를 넣어 만들지만, 프랑스에서 먹는 쇼콜라 쇼는 고형 초콜릿을 그대로 녹여 액체로 만들어 마신다고 생각하면 된다. 사실 처음 유럽에 전해진 초콜릿은 액체였기 때문에 지금도 이런 핫초콜릿을 '쇼콜라 쇼 앵시엔느 CHOCOLATE CHAUD ANCIENNE, 옛 형태의 핫초콜릿'라고 부른다.

9월이 되면 파리 날씨는 점차 우울모드로 변한다. 갑자기 해의 길이가 짧아질 뿐 아니라, 비가 부슬부슬 오는 날도 많고 이러한 날씨가 일주일 이상 계속되어 햇빛을 좀처럼 보지 못하는 날도 흔하다. 구름은 최대한 땅 아래로 내려앉으려 해서 에펠탑 꼭대기를 가리는 경우도 잦다. 이런 날씨가 계속되면 신체적으로도 쉽게 피곤하고 지치고, 의욕을 상실할 수 있으며, 심하면 우울증도 일으킬 수 있다고 한다. 저기압 날씨가 되면 혈당치가 떨어지기 때문에 단것을 먹어야 한다. 이럴 때 필요한 것이 초콜릿이다. 연구에 따르면 기압이 올라갈 때 사람들은 긍정적으로 변하고 더 적극적으로 일하고 많은 에너지를 소비하는데, 이는 높은 기압이 상쾌한 공기를 몸 안으로 밀어 넣기 때문이라고 한다. 반면 저기압인 날씨에는 평형성을 깨뜨리고 흥분성을 증가시키기 때문에 공격적으로 변하기 쉽다고 한다. 그래서 우리가 느끼는 파리지엥들은 흥분도 잘하고 변덕도 심한데 이 또한 날씨 탓인 것 같다. 여하튼 결론은 파리에 와서 생긴 습관 중 하나가 뭔가 지칠 듯, 우울할 듯하면 초콜릿 혹은 쇼콜라 쇼를 찾게 된다는 것이다. 딸아이의 학교 친구 중에도 오후가 되면 정신적으로 산만해지기 때문에 초콜릿을 먹어야 한다며 초콜릿을 항상 소지하는 아이가 있다는 얘기를 듣고는 원기회복을 위해 초콜릿이 필요하다는 것을 확신하게 되었다.

프랑스 사람들은 정말 초콜릿을 좋아한다. 초콜릿 알갱이나 덩어리가 든 빵(빵 오 쇼콜라PAIN AU CHOCOLAT, 브리오슈 오 쇼콜라BRIOCHE AU CHOCOLAT)은 물론 초콜릿 덩어리가 있는 시리얼, 심지어는 요거트에 담긴 초콜릿, 그리고 초콜릿으로 만든 다양한 디저트(퐁당 오 쇼콜라FONDANT AU CHOCOLAT, 갸또 쇼콜라GATEAUX CHOCOLAT, 초콜릿 무스CHOCOLATE MOUSSE 등) 외에 간식으로 먹는 초콜릿 종류며, 마시는 초콜릿 등을 보면 얼마나 초콜릿을 좋아하고 활용하는지 알 수 있다. TV 광고도 치즈와 함께 꽤 높은 비중을 차지하고 있다.

그런데 이 초콜릿이 프랑스에 전해진 것은 17세기 스페인 공주였던 앤ANNE OF AUSTRIA이 루이 13세한테 시집을 올 때라고 한다. 그 당시에는 앞서 말한 것처럼 고형 형태가 아닌 쇼콜라 쇼인 액체 상태로 마시는 것이었다. 산업혁명 이후 고형의 형태로 변하고 코코아 음료COCOA BEVERAGE가 대중화되면서 또 하나의 프랑스인들의 열정 FRENCH PASSION이 되었다. 그래서 지금도 가정마다 할머니 세대부터 전해져 내려오는 대대로 좋아하는 초콜릿 무스, 초콜릿 케이크 레시피가 있을 정도니 프랑스인들의 생활 속에 초콜릿이 얼마나 큰 비중을 차지하는지 알 수 있다.

프랑스의 많은 분야가 그렇듯 초콜릿 분야에도 '쇼콜라티에CHOCOLATIER'라는 장인匠人이 있다. 초콜릿은 그 맛 이외에 작품 창작과도 같은 아트ART 형태의 작업과 결합되어 이 분야를 한층 업그레이드시킨 것이다. 더구나 1901년에 40명의 초콜릿 장인들과 교수, 법률가, 작가 등이 모인 초콜릿 아카데미CHOCOLATE ACADEMY가 설립되고, 이

1 초콜릿으로 만든 작품으로 매장을
  디스플레이한 패트릭 호저 매장
2 다양한 형태와 맛의 초콜릿,
  장폴 에방 매장
3 병에 담아 쉽게 테이크 아웃할 수
  있는 쇼콜라 쇼, 안젤리나 매장

곳에서 사전을 만들어 프랑스 초콜릿FRENCH CHOCOLATE 제작 용어VOCABULARY와 재료, 도구, 테크닉 등을 정리하여 체계를 만들었다고 하니 역시나 '정리의 귀신'인 프랑스인답다. 그래서 초콜릿 전문매장에서 판매하는 초콜릿은 비교적 비싼 편이다. 하지만 이를 제작하는 장면을 보면 모두 수공으로 이루어지고 하나의 작품을 만들듯 하기 때문에 기꺼이 그 가격을 지불하고 먹어야겠다는 생각도 들면서, 한 개의 초콜릿을 정성스럽게 음미하며 먹게 된다.

줄리엣 비노쉬가 주연한 '쇼콜라CHOCOLAT'라는 영화를 보면 사순기간에 초콜릿을 먹은 신자가 신부님한테 고해성사를 하는 장면이 나온다. 참회와 절제를 하며 부활을 기다리는 사순시기 동안 달콤한 초콜릿의 유혹을 견디지 못하고 먹게 된 것을 고백하며 죄를 뉘우치는 장면을 보니 부활 즈음 유명 초콜릿 숍이나 마켓마다 브랜드별 부활 기념 초콜릿들이 대거 출시되는 이유를 알 수 있었다. 한 달여 동안 달콤한 유혹을 참고 견딘 후 예수님의 부활을 축하하면서 즐길 때 빠지지 않는 것 또한 초콜릿이다. 그래서 이즈음 브랜드마다 내놓는 기념 초콜릿들은 거의 작품과 다름없다. 심혈을 기울여 디자인하고 제작하여 주문을 받는데, 가격 또한 30유로부터 150유로 이상 되는 것도 있을 만큼, 초콜릿은 부활 축하 기념 가족 행사의 중요한 아이템 중 하나가 된다.

◘ Paris 유명 쇼콜라티에 숍 Best 5

패트릭 호저 Patrick Roger
2000년 초콜릿 아티스트로 선정됨. 초콜릿도 하나의 예술 작품임을 느낄 수 있도록 디스플레이함
108, Bld. St. Germain, 75006, Paris

라 메종 뒤 쇼콜라 La Maison du Chocolat
프랑스에서 비교적 고가의 초콜릿으로, 매장도 많고 선물용으로도 많이 사용되는 브랜드. 다른 브랜드보다 더 부드러운 맛의 초콜릿을 맛볼 수 있음
225, rue du Faubourg , 75008, Paris

미셸 샤우둥 Michel Chaudun
2차 세계 대전 이후 거의 변화하지 않은 인테리어를 감상하며 당시 예술가와 지식인들이 어떻게 시류를 논했는지 한번 생각에 빠져 볼 만한 카페
149, rue de l'Université, 75007, Paris

장폴 에방 Jean-Paul Hevin
동양인들의 입맛에 맞게 다양한 맛을 개발하여 일본인들의 방문이 많음
231, Rue St. Honoré, 75008, Paris

미셸 끌뤼젤 Michel Cluizel
뉴욕에서도 인기인 브랜드로 바(Bar) 형태의 초콜릿과 트러플 스타일이 가장 선호됨
201, Rue St. Honoré, 75008, Paris

◘ Paris 유명 쇼콜라쇼 숍

안젤리나 Angelina
고형 초콜릿을 녹인 듯한 진하고 걸쭉한 스타일의 매우 전통적인 쇼콜라 쇼로, 생크림과 곁들여 먹으면 좋음
226, rue de Rivoli, 75008, Paris

장폴 에방 Jean-Paul Hevin
전통식의 쇼콜라 쇼와는 다르게 코코아파우더와 우유로 만듦
231, Rue St. Honoré, 75008, Paris

프랑스인들에게 요리란?

실제로 프랑스인들의 생활 속에서 그들이 직접 요리에 투자하는 비중은 그리 높지 않은 거 같다. 제대로 된 고급 요리를 정찬으로 먹는 것은 좋아하지만, 평소 그들이 가정에서 만들어 먹는 횟수나 빈도는 높지 않다. 가정에서는 아주 간단하게 그리고 간편하게 먹는다. 대부분 마켓에서 장을 볼 때도 집 안에서 조리하는 원재료들을 구입하기보다는 생선(주로 필레FILLET, 살만 발라낸 거) 혹은 고기(스테이크), 소스용 재료(생크림, 발사믹식초 등등), 감자, 샐러드용 채소, 치즈, 요거트, 과일, 인스턴트용 디저트 등 반조리된, 혹은 간편히 먹을 수 있는 것을 주로 구입한다. 우리나라 사람들과 같이 깎고, 썰고, 다듬고, 볶는 등의 복잡한 과정을 거치기보다는 그냥 껍질과 가시를 발라 거의 손질된 생선을 프라이팬에 굽고 소스를 얹어 먹고 치즈나 인스턴트용 디저트로 마무리를 한다. 혹은 구워져 판매되는 식사용 크레페 등을 사다 살짝 데워 각종 잼JAM이나 햄, 치즈 등을 얹어 먹기도 하고 겨울철에는 간단한 수프POTAGE로 때우기도 한다. 그래서 프랑스에서는 '음식물 분리수거'를 특별히 하지 않는다. 조리 준비 중 많은 불순물이 나오지도 않고 접시에 남은 소스는 빵으로 다 발라 먹으니 우리나라의 경우와 같이 냄새나는 음식물 찌꺼기가 전혀 생기지 않기 때문이다. 아침에도 지지고 볶는 영국식보다는 카페오레와 전날 먹다 남은 바게트, 혹은 시리얼과 요거트를 먹는다. 미국과 달리 시리얼에 우유보다는 요거트를 부어 먹는 것 또한 특징이다.

이렇게 우리가 생각하는 것보다는 간단한 식사를 하지만 먹을거리에 대한 관심과 신선한 재료와 맛을 찾으려고 하는 프랑스인들의 열정은 어느 나라 사람들보다 대단하다. 그래서 간단하게 먹지만 먹는 방식은 제대로 지키려 한다. 즉, 전채요리 (앙트레ENTRÉE), 주요리(쁠라PLAT), 디저트(데세르DESSERT)를 갖추어 먹는 것이다. 이러한 습관은 아주 어린아이들이 다니는 유아원에서도 철저히 지켜지고 있다. 그래서 우스갯소리로 한국에서 온 지 얼마 되지 않은 4세 딸아이가 유아원에 다니기 시작하면서 식사를 하고 나면 항상 디저트를 찾더라는 것이다. 엄마 입장에서는 황당하기도 하면서 이러한 습관이 무섭다는 것을 알게 되었다고 한다. (중·고등, 대)학생들도 점심에 간단한 샌드위치로 끼니를 때우는 것이 보통이지만 꼭 요거트나

치즈(프로마주 블랑^{FROMAGE BLANC}), 달달한 디저트로 입가심을 한다. 처음에는 배부른 상태에서 왜 이렇게 먹는지 이해를 못 했지만, 차츰 디저트를 먹는 이유를 알게되었다. 우선, 이들의 음식, 앙트레와 쁠라에는 우리나라와는 달리 설탕이 거의 사용되지 않는다. 그래서 그들은 아주 단 디저트로 마무리를 하면서 설탕 섭취를 하는 것이다. 또한, 치즈는 소화를 돕는 역할을 한다. 더구나 프랑스인들이 가장 좋아하는 블루치즈는 소화효소가 가득 함유되어 있어 기름지고 거한 저녁 식사를 편안하게 소화시킬 수 있도록 도와준다. 파리에 와서 우리 식구들도 저녁 식사 후 치즈, 즉 프로마주 블랑을 먹는 습관이 생겼는데, 이 덕분에 과식을 한 날에도 새벽에는 배고픔을 느낄 정도로 소화에 큰 도움이 되었다.

그런데 프랑스인들이 이렇게 코스식으로 식사를 하게 된 역사는 그리 길지 않다. 과거에는 많은 요리를 한꺼번에 차려 냈는데, 이렇게 되면 정성 들여 만든 요리가 식거나 앉은 자리에 따라 다양한 요리를 다 먹기가 불편하여 이렇게 한 접시씩 차례로 가장 맛있게 먹을 수 있는 상태로 서비스를 시작하게 된 것이다. 이는 제2제정(1852~1870) 시절 러시아 제국의 주 프랑스 대사가 알려 주었는데, 그래서 이를 '러시아식 서비스'라고 부르기 시작하였고 1880년 이후부터는 일반인들에게도 이러한 방식이 유행하기 시작하여 지금까지 내려오고 있다.

반면, 지금의 프랑스 요리 문화를 만들어 낸 데는 '프랑스 혁명'(1789년)이라는 역사적 사연이 뒷받침한다. 물론, 프로방스 백작COMTE DE PROVENCE, 훗날 루이 18세의 요리사였던 앙투안 보빌리에BEAUVILLIERS가 혁명 이전인 1782년 세계 최초로 리슐리외RUE

RICHELIEU에 'La Grand Taverne de Londres'라는 '레스토랑'을 개업하기는 하였으나, 프랑스 혁명과 더불어 왕족이나 귀족 밑에서 일하던 많은 요리사들이 실직하면서 파리에 레스토랑을 유행시키기 시작한 것이 현재 프랑스 요리 발전의 계기가 된 것이다.

그 결과 신흥 부르주아(소위 '졸부')들도 과거 왕족이나 귀족들만이 경험할 수 있었던 세련되고 호사스러운 요리와 문화를 즐길 수 있게 되었으나, 그들은 요리와 관련된 가문의 전통과 문화가 없었기 때문에 이들을 가이드할 '미식가' 혹은 '음식비평가' 등이 새롭게 등장하게 되었다. 이런 미식가 혹은 비평가들은 그들의 경험과 지식, 교양 등으로 프랑스의, 특히 파리의 식문화를 이끌어 가고 한층 업그레이드시키게 되었다고 한다. 영화 '라따뚜이'에 등장하는 음식비평가의 모습처럼 그들은 여전히 파리에서의 레스토랑 경영에 막대한 영향력을 행사하고 있다.

영화 '라따뚜이|Ratatouille', 2007

반면, 미식가나 음식 비평가들 외에 유명 작가나 예술가들도 요리에 대한 책들을 저술함으로써 프랑스 요리 문화 발전에 크게 기여해 왔다. 예를 들어, 1802년 변호사 출신인 레이니에르REYNIERE가 현재의 음식 관련 저널의 시조가 되는 『미식가연감ALMANACH DES GOURMANDS』을, 1825년 브리야 사바랭BRILLAT-SAVARIN이라는 법관은 『미각의 생리학PHYSIOLOGIE DU GOUT』이라는 저서에서 먹는 즐거움을 예찬하고, 소설 『삼총사』의 저자인 뒤마DUMAS는 『대요리사전』을 편찬하여 식재료나 요리법 등을 남겼다. 또한, 파리 몽마르트르 풍속을 정감 있게 그려 낸 화가 로트렉HENRI DE TOULOUSE-LAUTREC, 1864~1901 또한 귀족 출신답게 어려서부터 훈련된 섬세한 미각으로 요리를 무척이나 즐겼다고 한다. 그래서 아직도 시중에는 로트렉이 남긴 요리 책 『모모 요리책CUISINE DE MONSIEUR MOMO』이 시판되고 있다. 사실주의 작가로 프랑스에서 빼놓을 수 없는 작가 발자크HONORÉ DE BALZAC, 1799~1850 또한 미식문화에 대한 관심이 높아 소설 속에서도 음식이나 식탁 풍경을 자세히 묘사하였으며 중년에는 『프랑스의 미식』이라는 책을 출판하여 현재의 프랑스 요리를 격상하는 데 큰 역할을 한 인물 중 한 명이 되었다.

프랑스 혁명 이후 신흥 부르주아층, 예술가, 작가, 지식계층 모두가 요리 문화를 향해 혈안이 되어 예찬함에 따라 서민층 또한 그들의 문화를 접하고자 하는 욕망이 지금의 프랑스 요리 문화를 만든 것이 아닌가 싶다. 프랑스 요리 문화는 요리사만이 만들어 낸 작품이 아니라 각계각층 사람들의 노력이 어우러져 이루어 낸 작품이다. 이렇듯 마케팅 또한 어느 한 사람의 아이디어만을 가지고 가능한 일이 아니라 다양한 경험을 한 다양한 사람들이 어우러져 조화를 이루며 최적의 조합이 이루어졌을 때 최대의 효과를 낼 수 있다. 결국 마케팅 전문가는 이러한 각양각색의 사람들과 방법들을 어떻게 찾고, 효과적으로 조합할 수 있을까를 고민하는 사람들이 아닌가 싶다.

프랑스인들이 즐기는
서민요리

요즈음 우리나라에도 이탈리아 및 프렌치 레스토랑이 많이 생겼다. 그런데 메뉴판을 보고 주문을 하려면 무슨 음식명이 그리 긴지 다 보고 이해한 후 시키기에는 시간이 너무 걸린다. 파리에서도 소위 고급 레스토랑에서 주문을 할 때는 요리 재료와 방법에 대한 연구를 한 후 무엇을 먹을 것인지 최종 결정을 해야 한다. 더구나 똑같은 재료와 유사한 조리방법으로 만들어진 요리라 하더라도 요리사(셰프CHEF)에 따른 프레장따시옹PRÉSENTATION, 장식이 이들 레스토랑 명성의 주요 관건이 된다. 시선을 사로잡는 장식과 혀끝을 적시는 시각적 자극을 위한 이런 전시 방법에 따라 요리의 수준이 달라지는 것이다.

사실, 요리料理는 단어 그대로 '재료와 조리 방법'을 뜻한다. 그러나 세계 양대 요리인 중국 요리와 프랑스 요리에는 커다란 차이가 있다. 예를 들어, 중국 요리는 '이理', 즉 조리 방법에 중점을 두는 반면, 프랑스 요리는 '요料 재료'에 주안점을 둔다고 한다. 다른 말로, 중국인들은 음식을 재료 본연의 맛보다는 새롭고 감미로운 맛을 내기 위한 방법을 고민하는 반면, 프랑스인들은 음식을 조리함에 있어 재료의 신선함을 최대한 살리고자 애를 쓴다. 워낙 땅이 넓고 지중해, 대서양 모두 가까울 뿐 아니라, 유럽은 물론 북아프리카 등에서 다양하고 신선한 재료들을 빠른 시간 내 파리로 공수할 수 있기 때문에 이곳에서는 훌륭한 식재료를 구하기가 쉽다. 그래서 이곳 한국 사람들도 매운탕보다는 생선지리를 선호한다. 애써 재료의 신선함을 해치는 고춧가루나 자극적인 양념을 사용할 필요가 없다는 뜻이다. 그렇기 때문에 한식과 같이 자극적이고 순간의 감동을 주기보다는 천천히 재료의 맛을 감상하며 먹을 수 있도록 조리되어야 하며, 그래서 그런지 큰 맘 먹고 비싼 돈을 주고 먹고 나면 약간의 허무를 느낄 때도 있다.

생선을 지라나 그냥 쪄서 먹어도 비리지 않기 때문에 프랑스인들은 찐 생선 위에 라따뚜이RATATOUILLE나 간단한 소스 등을 살짝 얹어 먹는 것에 익숙하다. 예전에 모 외국가전업체가 전기 찜기(스팀조리기)를 한국에 론칭하면서 채소나 고구마가 아닌 생선을 찌는 장면을 광고로 내서 실패한(?) 마케팅 사례가 있다. 우리나라 사람들에게는 생선을 찌는 용기라는 인식이 들었고 생선을 찌면 그 비린내로 인해 사용을 꺼리는 이미지를 갖게 하기 때문에 구매율도 낮았던 것이다. 그런데 파리에 오니 여기서는 생선 찜기로서의 용도가 적합한 것이었다는 생각이 들었다. 쪄 먹어도 비리지 않고, 더 담백하고 덜 느끼하게 먹을 수 있는 조리 방법이니 선호하는 것은 당연한 일인 것 같다.

여하튼 프랑스 요리를 먹을 때는 어떤 재료가 사용되었는지, 그다음 어떻게 조리가 되었는지를 판단하고 선택하는 것이 필요하다. 예를 들어, 생선종류인지, 육류인지, 생선 중에서도 도미인지, 가자미인지, 광어인지, 대구인지를 선택하고, 육류 중에서도 쇠고기인지, 돼지고기인지, 조류인지, 조류 중에서도 오리인지, 닭인지 등등을 선택한다. 그다음은 프라이팬 혹은 오븐에 구웠는지, 쪘는지, 조렸는지, 아니면 튀김옷을 입혀 튀겼는지 등등을 알아보고 주문을 해야 한다. 한 예로 메뉴를 보고 '타르타르 뵈프TARTAR BOEUF'를 시켰는데, '뵈프BOEUF'가 쇠고기라는 것만 알고 '타르타르TARTAR'가 어떤 조리방식인지 모르고 주문했더니, 프랑스식 육회가 나와 편치 않은 맘을 무릅쓰고 먹은 경험이 있다.

카페(혹은 브라세리)는 특별히 예약을 할 필요도 없고, 점심과 저녁 오픈하는 시간이 특별히 정해져 있지 않아 언제든 편한 시간에 가서 즐길 수 있는 서민 식당 같은 곳이다. 이곳에서는 일반적으로 프랑스인들이 선호하는 음식들을 즐길 수 있는데, 프랑스 요리 잡지에도 나왔듯이 음식을 선호 순으로 나열해 보면 다음과 같다. 오리 가슴살 요리MAGRET DE CANARD, 홍합과 감자튀김MOULES FRITES, 꾸스꾸스COUSCOUS, 양념적다리 구이GIGOT D'AGNEAU ROTI A LA PROVENCALE, 송아지BLANQUETTE DE VEAU 요리 순이다. 그 외에는 부르고뉴식 소고기 와인조림(뵈프 부르기뇽BOEUF BOURGUIGNON), 토마토 파시TOMATE FARCIE, 연어구이SAUMON GRILLE A L'OSEILLE, 꼬꼬뜨 요리POT-AU-FEU EN COCOTTE 등이 있다. 이 중 가장 사랑받고, 어느 레스토랑에서나 찾아볼 수 있는 것은 오리 가슴살 구이이다. 계절에 따라 배, 무화과 혹은 사과 등을 곁들여 꿀과 함께 조리하여 달달한 맛을 내는 요리로 오리 가슴살 구이 맛을 기준으로 레스토랑들의 맛 수준도 비교해 볼 수 있다. 다음으로는 계절적인 영향도 있지만, 홍합을 찌거나 삶아서 감자튀김과 나오는 요리인데, 이는 본래 벨기에에서 시작된 것으로 '리옹LYON'이라는 홍합전문점도 있지만, 일반 브라세리나 카페에서도 쉽게 찾아볼 수 있다. 특히 북쪽, 즉 노르망디 쪽으로 가면 더 신선하고 맛있는 홍합을 즐길 수 있다. 그 외 비교적 많이 먹는 서민 메뉴는 와인에 조려 대량으로 만들어 놓아 '오늘의 메뉴PLAT DU JOUR'로 많이 이용되는 꼬꼬뱅COQ AU VIN, 뵈프 부르기뇽, 콩피 드 카나르CONFIT DE CANARD 등이 있다. 반면, 우리나라의 돌솥요리와 같이 꼬꼬뜨COCOTTE라는 무쇠솥을 이용하여 쇠고기, 양고기 혹은 각종 채소, 생선들을 조려 요리하는 일명, 꼬꼬뜨라는 것도 프랑스의 대표적인 서민요리이다.

프랑스에서 쉽게 접할 수 있는 서민 요리들

1	2
3	4
5	6

1 쇠고기 스테이크
2 오리 가슴살 요리 Magret de canard
3 연어구이 Saumon grille a l'oseille
4 뵈프 부르기뇽 Boeuf bourguignon
5 콩피 드 카나르 Confit de canard
6 꼬꼬뜨 요리 Pot-au-feu en cocotte

멜팅팟인
파리에서 즐기는 각국의 요리

파리는 뉴욕과 같이 멜팅팟MELTING POT이다. 하지만 멜팅팟이란 이질적인 것들이 동질적으로 변해 가면서 공통의 문화를 만들어 낸다는 의미를 가지고 있는데, 과연 파리가 서로의 공통 문화를 만들기 위해 노력을 하는 곳인지는 의문이다. 오히려 다문화MULTICULTURALISM가 공존하는 곳이라 표현하는 것이 맞을 듯하다.

프랑스 인구 6,500여만 명 중 4,200만 명이 이민자로 구성되었으니 프랑스에서 느끼는 인종적 다양함은 독특하다. 더구나 파리는 한국에서나 미국에서 쉽게 접하지 못했던 북아프리카에서 온 아랍인들, 사하라사막 이남의 아프리카인들, 유럽 각지에서 온 유럽인들, 중국인들을 포함한 다양한 아시안들이 모두 모인 곳이다. 그래서 MBA 수업 시간에 자신들을 소개할 때도 그들의 인종적 태생ETHNIC ORIGIN을 함께 소개한다. 예를 들면, '모로코계 프랑스인MAROC FRENCH', '그리스계 프랑스인GREEK FRENCH', '튀니지계 프랑스인', '스페인계 페루인' 등등. 오히려 단순하게 '코리안KOREAN' 하고 소개하는 것이 어색할 정도이다. 어려서부터 단일민족임을 자랑스럽게 여기며 자라 왔는데, 이곳에 오니 그들의 다양한 인종적 배경과 그들이 구사하는 언어들에 기가 죽기도 한다. 많은 이들이 기본적으로 모국어는 물론 불어와 영어를 모두 구사하고 제2외국어를 하나씩 하니 총 3~4개 국어를 할 줄 안다.

반면, 프랑스 혁명이념에 근거한 인도주의 차원에서 받아들여진 이민정책으로 프랑스에 온 많은 북아프리카와 아랍계 이민자들에 대한 사회적인 문제는 차츰 심각해지고 있다. 그들이 프랑스 문화와 잘 어울려 합류하는 것이 아니라 그들만의 문화와 관습만을 고집하며 살기 때문에 파리는 더욱 멜팅팟이 아닌 다문화 형태로 보이는 것 같다. 그러나 보트 피플BOAT PEOPLE로 온 베트남인들은 프랑스 사회에서는 나름 성공한 이민자들로 받아들여지고 있다. 교육열이 한국인만큼이나 강한 베트남 이민자 2세들은 의사, 공무원, 교수 등등 안정된 직업을 가지기도 하고 중국인들과 같이 파리 13구 내 '베트남 쌀국수' 집을 운영하며 경제적인 삶의 기반 또한 탄탄히 쌓고 있다고 한다.

1 쌀국수(포Pho)와 비빔쌀국수(보분Bobun)가 유명한 쌀국수집. '송흥' 앞에
  줄 서 있는 고객들. 영업을 오전 10시 30분부터 오후 4시까지만 하기 때문에
  언제나 줄을 서는 것은 각오하고 가야 한다.
2 '송흥'에서 유명한 비빔쌀국수(보분Bobun)
3 쉐 베베르Chez bebert의 꾸스꾸스Couscous

파리 13구는 차이나타운이다. 이곳에 가면 쌀국수, 중국요리, 타이요리 등 다양한 아시안 음식들을 접할 수 있을 뿐 아니라, '탕 프레르TANG-FRERES'라는 중국시장을 비롯하여 중국인들이 하는 여러 상점들을 볼 수 있다. 파리 어느 시내보다 과일이나 생필품, 기타 식품 모두가 상대적으로 많이 저렴하고 그 종류도 다양하다. 과일도 중국 남부에서부터 북부 지역까지 아울러 수입되기 때문에 갖가지 종류의 것을 살 수 있고 한국에서 수입된 과자나 식품들도 꽤 많이 전시되어 있어 최근 중국인들 사이에서의 한국 음식에 대한 인기를 엿볼 수 있다.

그런데 최근 중국인들은 그들의 장사 솜씨를 13구에서만 보여 주는 것이 아니다. 중국인들은 파리 곳곳에서 과일가게, 수선집, 타박TABAC: 담배도 팔고 복권도 파는 카페같이 생긴 곳, 액세서리와 가방 도매점, 빵집, 카페, 스시집, 심지어 한국식당 등등을 인수하며 그들의 입지를 강화하고 있다. 그래서 시내, 특히 마레지구 등에서도 여행 중 프랑스인들의 정서를 느끼고 싶어 카페에 들어가도 중국인 주인들이 떡하니 자리잡고 손님을 응대하는 경우가 많다. 유대인들과 함께 세계적으로 상술의 귀재인 민족이니 파리 내 더 많은 카페와 상점들이 중국인들의 차지가 될 날도 얼마 남지 않은 것처럼 보인다.

여튼 파리는 이런 여러 민족들이 어울리는 곳이라 먹을거리 또한 다양하다. 그래서 각국의 전통 음식 문화를 접할 수 있다는 것도 파리가 주는 기회 중 하나이다. 예를 들어, 북아프리카인들의 꾸스꾸스, 유대인들의 팔라페, 아랍인들의 케밥, 레바논 음식, 타이/인도 요리, 베트남 쌀국수, 중국의 베이징 덕 등 각양각색의 음식을 즐길 수 있다. 더구나 각국의 본토인들이 직접 운영하기 때문에 수입輸入된 맛이 아닌 현지의 맛을 그나마 그대로 느낄 수 있다.

특히, 파리에 와서 먹어 본 꾸스꾸스는 예전에는 즐겨 먹지 못했던 음식이다. 꾸스 꾸스는 주로 알제리, 모로코, 튀니지, 리비아 서부지방에서 먹는 북아프리카의 전통 음식으로 좁쌀같이 작은 밀가루로 만들어진 알갱이, 일명 세몰리나를 찜통에 쪄서 양고기 혹은 쇠고기 스튜나 야채 스튜를 얹어 먹는 요리이다. 어느 날 튀니지 친구 집에 갔더니 이 요리를 해 주는데, 마치 우리의 쌀통 같은 데서 세몰리나를 퍼 오더 니 찜통에 쪄서 미리 만들어 놓은 스튜를 얹어 서빙하는 것을 보고 우리네 '쌀'과 비 슷하구나 생각했었다. 그런데 이 세몰리나는 밀가루를 동글동글 뭉쳐서 바싹 건조 시켜 주머니 속에 담아 낙타에 싣고 다니며 먹던 식량이었다고 한다. 바싹 말렸으니 부패도 안 되고 소지도 간편하고, 게다가 조리하기도 쉬웠으니 역시 어느 나라든 그들의 전통 음식은 그 나라 사람들의 지혜와 역사가 담긴 중요한 산물인 것 같다. 애써 모로코나 튀니지까지 방문하지 않더라고 파리 곳곳에는 이런 꾸스꾸스를 즐 길 수 있는 곳이 많다.

반면, 아랍(중앙아시아와 아라비아 사막 등, 특히 터키)의 대표적인 음식인 케밥 KEBAB은 파리에서 많이 볼 수 있는 패스트푸드 음식이다. 맥도날드는 찾기 어려워도 케밥을 파는 곳은 생 미셸SAINT MICHAEL, 마레 지구 등 관광지 외 파리 구석구석에서 쉽게 찾아볼 수 있다. 구워진 소, 양, 닭고기를 얇게 썰어 피타 브레드PITA BREAD라는

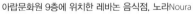
아랍문화원 9층에 위치한 레바논 음식점, 노라Noura

빵에 각종 채소와 소스 등과 함께 넣어 먹는 음식이다. 비교적 빠른 시간에 주문이 가능하고 테이크 아웃 등이 되며 가격도 저렴한 편에 속하기 때문에 인기가 좋다.

메트로 1호선 생폴SAINT PAUL에서 내려 마레MARAIS 지구에 가면 유대인 거리가 있다. 이곳에서는 가끔씩 작고 동그란 컵받침 같은 모자인 '키파' 혹은 크고 검은 두꺼운 챙이 있는 모자인 '슈트라이믈'을 쓰고 때로는 수염을 길게 기른 사람들을 만날 수 있다. 파리에서는 히잡HIJAB 혹은 차도르CHADOR를 한 이슬람 여성들을 흔히 볼 수 있듯이 유대인들도 단번에 알아볼 수 있을 정도로 차림새가 정해져 있다. 한 나라 안에 옷차림에서마저 그들의 삶의 방식을 고집하는 모습을 보면 과연 융화라는 것이 가능할까 하는 생각마저 든다. 이곳에 가면 유대인들의 먹을거리 중 하나인 팔라펠FALAFEL과 각종 빵을 먹을 수 있다. 팔라펠은 콩 혹은 고기 간 것을 완자와 같이 만들어 튀긴 것으로, 이를 피타브레드PITA BREAD, 이름은 같지만 케밥용과 약간 다르다에 싸서 각종 샐러드용 채소, 절인 채소, 핫 소스 혹은 요구르트 소스 등을 부어 먹는 것으로, 가게 안에서 먹거나 테이크 아웃을 할 수 있다. 유대인들의 음식이라고는 하지만, 이집트에서 유래되었다고 하니 역시나 아랍 음식과도 많이 유사하다. 케밥에는 얇게 썬 고기가 들어간 반면, 여긴 완자볼 튀김이 들어간다.

노라에서 즐길 수 있는 파리의 광경
노트르담 성당의 뒷모습과 센 강의 여유로움이 느껴진다.

유대인들의 주요 먹을거리, 팔라펠FALAFEL

파리 거리를 거닐다 보면 레바논 음식 전문점들도 꽤 눈에 띈다. 보통은 테이크 아웃을 하는 곳으로 작은 가게도 많지만, 대로변에 태국 음식점 같지는 않고 그렇다고 프랑스 식당은 더 아닌 거 같은 곳의 적혀 있는 메뉴를 찬찬히 살펴보면 우리에게는 생소한 레바논 음식이다. 특히, '노라NOURA'라는 레바논 음식점은 파리에 4곳 정도의 체인점이 있고 그중 아랍문화원 9층에 자리 잡은 곳은 파리에서 빼놓을 수 없는 파노라믹 광경을 두고 음식을 먹을 수 있어 유명하다. 이곳에서는 식사도 할 수 있지만 나른한 오후 4시경 마른DRIED 잎이 아닌 생잎으로 만든 민트 차와 아랍형 디저트를 곁들이며 시테섬과 노트르담을 바라보며 애프터눈티를 즐겨 볼 만하다.

다양한 사람들만큼이나 다양한 음식들을 접하다 보면, 음식 간에도 서로 비슷하거나 통한다는 것을 알게 된다. 유럽의 많은 음식이나 문화, 예술, 건축 등이 아랍 문화의 영향을 받았다는 것을 깨닫게 되고 이러한 영향이 어떤 흐름으로 받게 되었는지를 찾다 보면 새로운 세계사적 관점을 갖게 된다.

1 수꼬타이Sukko Thai의 파인
애플 볶음밥
2 스시막쉐Sushi Marché의 지
라스시. 일본인이 직접 경영
하는 일식집이라 신선하고
깨끗하다.
3 미라마Mirama의 입구. 쇼윈
도에 걸린 베이징 덕의 모습
이 인상적이다.

⬆ 각국의 요리를 즐길 수 있는 주요 레스토랑과 메뉴

베트남
쌀국수, 비빔쌀국수

PHO 14', 129, Avenue de Choisy, 75013, Paris
'송흥(Songheng)', 3, rue Volta, 75003, Paris

중국
완탕면. 베이징 덕

'MIRAMA', 17, Saint-Jacques, 75005, Paris

태국
팟타이. 똠양꿍

'Sukko Thai', 12, rue du Pere-Guérin, 75013, Paris

아랍식
꾸스꾸스

'Chez Bebert', 71, Bd du Montparnasse, 75006

레바논
꼬치구이(Brochettes)

'Le Zyriab' by Noura. 아랍문화원(Institut du
Monde Arabe) 9층
아랍문화원 1, rue des Fosses Saint-Bernard,
75005, Paris

유대인
팔레펠

'L'As Du Falafel', 34, rue des Rosiers, 75004, Paris

일식
지라스시. 스시. 장어덮밥

'SUSHI Marche', 20 rue Mirabeau, 75016
'NODAIWA', 272, rue Saint-Honore, 75001

파리에서 즐기는
프랑스 지방요리

프랑스는 땅이 넓은 나라다. 그래서 지역별로 특성도 강하고 음식 또한 다양하다. 더구나 요리명에 이러한 지역의 다양함과 특징을 반영하는 경우가 많다. 예를 들어, 프로방스식 샐러드, 부르고뉴식 쇠고기 조림, 노르망디 생크림을 넣은 홍합찜 등등. 동서남북 각 지역에 맞게 발달된 음식들을 계절별로 골라 먹을 수 있어 프랑스에서는 먹을거리가 더 풍부하게 느껴진다. 겨울철에는 북쪽 노르망디에서 많이 나는 굴과 홍합을, 서쪽 알프스 지방 사부아SAVOIE 또는 알자스ALSACE 지방의 고열량의 요리들을 먹는 반면, 여름철에는 지중해 및 남부지방에서 생산되는 과일 및 채소 위주로, 특히 프로방스식 샐러드 등을 선호한다.

노르망디식은 프랑스 북쪽, 노르망디 지역에서 발달한 요리이다. 지역특성상 기온도 낮고 대서양을 맞닿고 있어 생선, 홍합, 굴도 풍부하고 목축업도 발달되어 쇠고기나 치즈를 비롯한 낙농제품 또한 다양하다. 찬 대서양에서 생산되는 굴과 홍합은 5~6월에도 싱싱함 그대로를 맛볼 수 있다. 보통 굴을 '이알ER'이 들어가는 계절, 즉 9월SEPTEMBER, 10월OCTOBER, 11월NOVEMBER, 12월DECEMBER에 먹는 맛이 최고라고 하지만, 직접 노르망디를 방문해서 굴을 먹는다면 5~6월에도 그 맛을 충분히 즐길 수 있다. 짭조름하면서도 고소한, 그러면서 바다향이 가득한 굴을 목으로 넘기는 순간의 기분은 뭐라 표현하기도 힘들다. 여기서 굴과 찬 화이트 와인을 먹는 행복 또한 파리가 준 또 하나의 선물이다.

프랑스 북쪽, 노르망디의 굴
본식을 먹기 전 전식[앙트레Entrée]으로 먹는 것으로
자연 그대로의 맛을 느끼는 것이라 특별한 요리법 등은 없다.
레몬즙만 살짝하여 시원한 화이트와인과 즐기면 된다.

1 노르망디의 주요 관광지인 '에트라따Étretat', 일명 '코끼리 바위'
2 쿠르베의 '에트라따'_노르망디 코끼리 바위, 오르세 미술관
3 모네의 '에트라따'_노르망디 코끼리 바위, 오르세 미술관

또한, 노르망디의 대표적인 요리법 중 하나가 구운 스테이크, 혹은 화이트 와인에 찐 생선 위에 생크림을 사용한 소스SAUCE NORMANDE를 뿌려 먹는 것인데, 요리명에 노르망디NORMANDE라고 붙어 있으면 주로 생크림소스를 사용한다고 생각하면 된다. 슈퍼마켓 등에 나와 있는 대부분의 생크림 또는 크림소스에는 노르망디라는 지역명이 표시되어 있으며 겨울철이 되면 점두 진열이 되어 있다. 반면, 포도가 자라지 못하는 기후 조건으로 인해 포도주 대신 사과주酒(일명 '씨드르CIDRE')나 증류수인 칼바도스CALVADOS가 생산되고 이를 이용한 쇠고기 요리도 유명하다. 특히, 대서양 바람을 맞으며 자란 목초지에서 방목된 소를 이용한 비프스테이크는 오브락AUBRAC 지방과 쌍벽을 이루는 맛이다. 오브락의 쇠고기가 우리나라 무등산 쇠고기처럼 유명하듯, 노르망디산 쇠고기는 우리나라의 대관령 횡성의 것 정도 되지 않을까 싶다. 베이커리도 우리나라의 단팥도너츠같이 주로 기름에 튀긴 베니에BEIGNET 또는 츄러스 등으로 열량이 비교적 높은 조리 방법 혹은 재료를 사용하는 것이 노르망디식의 특징 중 하나이다. 아무래도 추운 지방이다 보니 지방 섭취를 많이 해야 되는 것 같다.

부르고뉴식은 보르도와 함께 와인 생산지로 유명한 부르고뉴 지방의 요리 방법을 지칭한다. 주로 와인, 생크림, 라드LARD라는 돼지기름이 많이 사용된다. 특히, 레드 와인을 이용해서 만든 꼬꼬뱅COQ AU VIN: 닭고기를 레드 와인에 조린 요리, 뵈프 부르기뇽BOEUF BOURGUIGNON: 쇠고기 우둔살을 레드 와인에 끓여 조린 요리 등이 유명하다. 우리나라 갈비찜과같이

생겼지만, 와인의 향이 남아 쌉쌀한 뒷맛도 느껴지며, 얼마나 좋은 와인을 사용했는가가 맛의 관건이 된다. 일단, 갈비찜처럼 많은 양을 조려 놓은 후 주문을 받을 때마다 제공하기 용이하여 일반 레스토랑(특히, 브라세리)에서 '오늘의 요리'로 많이 등장한다. 반면, 퐁듀FONDUE를 먹기도 하는데, 이 퐁듀 부르기뇽FONDUE BOURGUINONNE, 부르고뉴식 퐁듀은 사부아 지방과 달리 깍둑썰기한 쇠고기를, 녹인 치즈가 아닌 기름에 튀겨서, 선호하는 소스와 함께 먹는다. 또한 디종DIJON에서 나는 겨자도 주요 특산물 중 하나이며, 포도재배에 방해가 되어 먹기 시작한 달팽이(에스가르고ESCARGOT) 요리도 유명하다.

프로방스식은 올리브오일, 마늘, 토마토 등을 주로 사용하는 것이 특징이며 이탈리아식과 매우 유사하다. 지중해를 접하고 있어 각종 어패류와 올리브가 풍부하여 프로방스 지역의 요리는 건강식으로 통한다. 특히, 영화 제목으로도 많이 알려진 라따뚜이RATATOUILLE가 이 지방의 명물 요리이다. 갖은 채소, 즉 양파, 마늘, 토마토, 가지, 피망, 호박 등을 올리브오일로 볶은 뒤에 채소의 수분만으로 부드럽게 될 때까지 조린 프랑스에서 가장 서민적인 요리가 라따뚜이이다. 그래서 우리나라 된장찌개와 같이 만들기는 손쉬워도 고유의 맛, 엄마의 손맛을 잘 내기가 어려운 음식 중 하나이다. 우리네 가정에 항상 된장을 비치해 놓고 있듯이, 프랑스 가정에서도 항상 많은 양의 라따뚜이를 만들어 냉장고에 보관해 두었다가 고기나 생선 등을 먹을 때 얹어먹는 소스처럼 이용한다고 한다.

브레타뉴식이라 하면 프랑스 북서쪽 지방의 요리를 뜻한다. 이 지방의 주요 먹을거리로는 단연 '크레페CRÊPES'와 시드르CIDRE가 유명하다. 파리 관광 시 볼 수 있는 크레페는 단맛이 나는 종류이다. 즉, 밀가루를 우유에 개어 철판에 동그랗게 얇게 구운 후 설탕, 혹은 누텔라NUTELLA: 너트NUT로 만든 초콜릿 같은 잼, 기타 다른 잼JAM 등을 혹은 생크림을 얹어 먹는다. 이러한 디저트용의 크레페 말고 식사용으로 먹는 것은 짠맛이 나서 불어로 '살레SALÉ' 하다고 표현을 한다. 밀가루보다는 주로 메밀가루로 만들어진 크레페 안에 햄이나 치즈, 달걀, 어패류 등을 싸서 구워 식사용으로 먹는다. 우리나라 강원도 지방에 메밀로 만든 요리가 많듯이 브레타뉴도 매우 척박한 땅이라 값비싼 밀가루가 아닌 메밀로 된 크레페를 먹기 시작하였는데, 이는 사실 구황음식이었다고 한다. 먹을 것이 부족했던 시절 농민의 구황음식이었던 것이, 재료가 밀가루로 바뀌면서 현대에 와서는 빠질 수 없는 프랑스 대표 음식이 되었다. 그래서 브레타뉴 지방을 여행할 때는 메인요리로 메밀로 만든 짭짤한 크레페와 시드르를 먹고, 다음에는 생크림이 얹어진 달달한 크레페로 식사를 마무리하게 된다. 또한, 브레타뉴 지방은 그들의 고유 언어인 '브레통BRETON'과 전통 생활 방식이나 습관을 현재까지 잘 유지해 오는 곳 중 하나이다. 그래서 파리에서도 결속력이 강하고 나름 지역색도 강한 지방민民으로 통한다. 한 예로, 파리 몽파르나스 구역이나 생 루이 섬 등에 크레페 전문점들이 집중적으로 타운을 형성하는 연유도 이러한 강한 결속력 때문이다. 우리나라에서 전라도, 경상도 전문 음식점들이 즐비하게 있는 곳처럼 크레페 전문점들이 있는 곳은 주로 브레타뉴 사람들이 모여 있는 곳이다. 우리나라 향우회처럼 현재까지도 브레타뉴 지방 출신의 사람들은 그곳에서 태어났건 아니건 향우회와 같은 모임이 잘 이루어지고 있다고 한다.

집에서 간단히 즐겨 먹을 수 있는 사부아 지방의 대표 요리, 라클레트Raclette.
라클레트 전용기기(위)와 감자, 라클레트치즈,
쇠고기 혹은 햄(아래)만 있으면 멋진 파티요리가 된다.

사부아 지방은 알프스를 사이로 스위스와 인접하여 있으며 많은 눈으로 인하여 유
명 스키장들이 모여 있다. 겨울철 추위를 달래기 위해 먹는 퐁듀FONDUE나 라클레트
RACLETTE가 이 지방 특산물이다. 사부아 지방에서 나오는 전용 치즈인 라클레트, 콩
테COMTÉ, 보포르BEAUFORT 등을 녹여 삶은 감자와 구운 살라미 위에 얹어 먹는 일명
'라클레트'라는 먹을거리는 녹인 치즈에 고기나 바게트를 찍어 먹는 퐁듀와 함께 프
랑스에서 즐겨 먹는 겨울철 대표 음식이다. 그래서 겨울철이면 마켓에서는 퐁듀 치
즈 소스와 라클레 치즈, 라클레용 감자 등을 쉽게 찾아볼 수 있다. 반면, 추위를 달
래기 위한 약초로 만든 술들이 지역 특산물로 나오는데, 도수가 보통 35도에서 45
도 사이의 강한 술이다. 17세기 초반부터 수도원 등에서 만들기 시작한 이러한 달달
한 약초 술인 '샤르트뢰CHARTREUSE'는 이곳 스키장에서만 즐길 수 있는 귀한 술이다.

알자스 지방의 슈크르트CHOUCROUTE 또한 파리에서 겨울에 맛볼 수 있는 별미 중 하나이다. 슈크르트는 절인 양배추와 돼지고기 혹은 햄, 소시지를 곁들인 알자스 지방의 향토요리이다. 이때의 양배추는 어린 시절 켄터키후라이드에서 먹던 '코우슬로(양배추절임)'와도 약간 비슷하나 단맛은 거의 없다. 각종 구운 소시지는 독일식 호프집에서 많이 보았던 것이라 부담 없이 맥주와 즐길 만한 요리이다. 화이트 와인으로도 유명한 이곳 알자스 지방은 독일과의 접경지역인 관계로 국적이 프랑스와 독일로 반복되어 왔던 역사를 가졌다. 그래서 통나무 형태의 집 모양이나 소시지 등을 먹는 식습관 등을 보면 독일과 많이 유사해 보인다. 파리에서 사신 지 오래되신 교민들의 말에 의하면 예전에 배추를 구하기 어려운 시절에는 슈크르트용 양배추 절임에 고춧가루만 첨가하여 김치찌개를 만들어 먹었다고 할 정도로 우리 입맛에 제법 잘 맞는 음식이다.

알자스 지방의 슈크르트Choucroute. 전문 레스토랑에 가서 즐길 수도 있지만, 재래시장이나 마켓에서 쉽게 구매 가능하다.

마지막으로 파리를 거닐다 보면, '수드 웨스트SUD DE OUEST'라는 간판을 꽤 볼 수 있다. 또한 시중 마켓에 나와 있는 오리를 소재로 한 음식(예를 들어, 오리 가슴살, 푸아그라, 오리로 만든 통조림)이나 재료에도 '수드 웨스트'라고 적혀 있는데, 이는 이곳이 오리 재료로 유명한 곳이기 때문이다. 수드웨스트는 프랑스 남서쪽 지방을 뜻하는 것으로 특히 '페리고'가 대표적인 도시이다. 어린 시절 미술사 책에서 보던 '라스코 동굴'이 있는 곳이기도 하다. 파리에는 다른 지방 음식들보다도 프랑스 남서쪽 지방의 향토요리 전문점들이 눈에 띈다. 그만큼 개성과 특색이 강한 요리다.

이곳에서도 와인이 많이 생산되는데 비교적 진하고 매우 강해 어느 와인 선생님의 말씀에 의하면 수드 웨스트 지방 와인을 지속적으로 시음을 했더니 얼마 안 가 앞니가 흔들릴 정도라고 했다. 그 정도로 강한 와인에 어울리는 음식으로 음식 또한 느끼하고 무겁다. 특히, 푸아그라, 통오리 구이, 오리 가슴살 구이, 오리조림요리[일명, 콩피 드 카나르CONFIT DE CANARD] 등은 요리라는 명칭보다는 단순히 서민음식이라는 표현이 더 어울릴 만큼 프랑스인들의 사랑을 많이 받는 메뉴들이다.

프랑스에서는 생산 지역명을 추가함으로써(예를 들어, 노르망디 생크림, 수드 웨스트 푸아그라, 비쉬VICHY 화장품, 록씨땅L'OCCITANTE)고객들의 신뢰를 얻을 수 있을 정도로 지역 특산물 마케팅이 잘되어 있다. 오랜 전통과 신뢰가 쌓여 이제는 강한 브랜드로 입지를 강화한 먹을거리들을 보니, 우리도 우리 전통 음식과 특산물 홍보와 마케팅 개념이 도입되어야 하지 않을까 싶다.

특히, 파리는 프랑스에서도 가장 다양하고 좋은 재료를 얻을 수 있고, 재료가 풍부한 곳이라고 한다. 프랑스 전국은 물론 인근 국가(스페인, 모로코, 튀니지 등)들에서 생산된 각종 생선, 채소, 과일, 육류 등이 파리로 모이기 때문이다. 그러므로 맘먹고 지역별 음식을 투어하며 탐구해 보는 것도 또 파리에서 즐길 수 있는 행복 중 하나이다.

1 수드 웨스트의 대표레스토랑
체인점, 쉐 파파Chez papa

2 마켓에서 손쉽게 구할 수 있
는 생生 푸아그라Foie Gars,
후라이팬에 살짝 구워내어 구
운 토스트빵과 먹으면 전식으
로 최상이다.

3 프랑스인들이 가장 선호하는
서민음식 1위인 '오리가슴살
구이Magret de Canard'

⬆ 대표 레스토랑과 메뉴들

부르고뉴식
뵈프 부르기뇽, 꼬꼬뱅, 달팽이 요리

땅트 마게리트(Tante Marguerite)

5, rue de Bourgogne, 75007
www.bernard-loiseau.com

프로방스식
라따뚜이, 샐러드

쉐 자누(Chez Janou)
2, rue roger verlomme, 75003
www.chezjanou.com

노르망디식
홍합찜, 굴, Fruite de Mer

레옹(León)
63, Avene des Champ Élysée
www.leon-de-bruxelles.fr

브레타뉴
크레페

죠슐랭(Josselin)
67, rue du monparnass, 75014

사부아 Savoie
퐁듀, 라클레트

레퐁 뒤 드 라 라클레트(Les Fondus de la Raclette)
209, Boulevard Raspail, 75014
www.aux-fondus.com

알자스 Alsace
슈크르트

보핑거(Bofinger)
3, rue de Bastille, 75004
www.bofingerparis.com

수드 웨스트 Sud de Ouest
오리조림(Confit Canard), 오리 가슴살 구이(Magret de Canard)

쉐 파파(Chez papa)
101, rue de la Croixnivert, 75015
www.chezpapa.com

계절별로 즐기는 프랑스 먹을거리

가을철 별식_밤Marron

로마에 처음 갔을 때 '군밤' 장사가 있는 것을 보고 깜짝 놀란 기억이 있다. 한국의
군밤이 로마에까지 전해 왔나 하며 의아해했었는데, 파리에 살면서 유럽에는 '밤'이
주요 먹을거리 중 하나라는 것을 알게 되었다. 특히, 10월부터 '밤'은 요리에도 많이
쓰이고, 그냥 구워도 먹고 다양한 디저트로 즐겨 먹는다. 마홍글라세MARRON GLACÉ,
밤 크림CRÈME DE MARRON, 밤 무스로 만든 몽블랑MONT-BLANC이라는 패스트리 등등의 디
저트들은 더욱 유명하다.

겨울철 초콜릿과 함께, 아니 그보다 더 럭셔리한 선물로 통하는 마홍글라세MARRON
GLACÉ, 일명 '밤 얼음과자'는 밤의 고소하고 달달한 맛은 그대로 간직한 채 겉을 설
탕으로 아이싱한 제품으로 쌉쌀한 커피 혹은 차TEA와 함께 마시면 우울한 날씨에
서 오는 울적함과 나른함을 쉽게 달랠 수 있다. 일반 네이버 마켓NEIGHBOR MARKET은
물론 '라뒤레'나 '포숑' 등의 유명브랜드 패스트리 혹은 초콜릿 숍에서 마홍글라세
를 구입할 수 있는데, 하나하나 정성껏 만들어져서 그런지 가격이 꽤 높은 편이다.
하지만 겨울철 잠시 출시되는 만큼 과감히 투자해도 좋을 듯하다.

슈퍼마켓에 가면 잼 코너에 있는 '밤 크림CRÈME DE MARRON'은 내가 좋아하는 아이템 중 하나다. 가격도 저렴하고 집에서 크레페에 발라 먹을 수도 있고 생크림과 함께 섞어 냉장고에서 몇 시간 차게 해서 먹으면 밤 무스 케이크가 된다. 어린 시절 먹었던 밤 맛의 아이스크림, '바밤바'와 비슷하면서도 더 고소한 그 맛이 프랑스식 디저트로 멋지게 변신한 느낌이었다.

프랑스에서 유명한 패스트리 중 하나인 '몽블랑'. 딸아이와 난 항상 남편에게 "서울에 돌아가도 혹시 파리 출장이 있으면 '안젤리나ANGELINA의 몽블랑'은 꼭 사 오라"고 지금도 얘기를 한다. 달걀 흰자 거품을 구운 머랭에 생크림을 올리고 그 위에 밤 무스를 가늘고 길게 짜서 장식한 몽블랑 또한 일주일에서 열흘 이상 햇빛을 구경할 수 없어 기운도 없고 맘도 울적한 유럽의 겨울을 견디게 해 주는 달콤함의 하나이다.

골프장에서 남편이 '밤'이라며 잔뜩 들고 온 것이 있었는데, 삶아도 삶아도 말랑해지지 않고 먹기에는 너무도 떫었다. 알고 보니 '밤'이 아니라 이름만 듣던 '마로니에'였다. 파리 거리를 산책하다 보면 '밤'과 똑같이 생긴 '마로니에'가 달린 가로수들을 많이 접할 수 있는데, 동숭동의 '마로니에 공원'이 혹시 파리를 연상하며 만들어진 곳이 아닌지 궁금하다.

샹젤리제 노엘막쉐(크리스마스 시장)에 등장하는 뱅쇼Vin Chaud 부스

겨울에 즐기는 뜨거운 와인, 뱅쇼Vin chaud

파리에 온 지 얼마 안 되어 카페 메뉴판에 적힌 '뱅쇼VIN CHAUD'라는 단어를 처음 접하게 되었다. 불어로 '뱅쇼'라고 하면 영어로는 '핫 와인HOT WINE', 한국말로는 '따뜻한 와인'이라는 뜻이다. 뭔가 지금까지 내가 알아 온 것과는 색다른 뉘앙스. 와인이라면 차게 마시는 화이트 와인과 실온 정도에서 즐기는 레드 와인만 떠오르는데, 따뜻한 와인이란 그 의미가 매우 어색했다.

그런데 유럽에서는 추운 겨울이면 따뜻한 와인을 마신다. 프랑스에서는 '뱅쇼', 독일에서는 '글루바인GLUHWEIN', 덴마크나 스웨덴에서는 '글뢰그GLOGG'라 불리는 이 술들은 와인에 계피와 정향, 설탕 등을 넣어, 취향에 따라 레몬이나 오렌지도 넣고 끓여, 달콤하면서도 따뜻해 추운 겨울에는 제법 별미가 된다. 특히, 11월 말부터 유럽 곳곳의 도심에서는 크리스마스 시장이 한 달여 간 열리는데, 이를 거닐며 먹는 뱅쇼는 추운 겨울 밤, 몸을 녹이며 기분을 한결 업UP시켜 주는 술이다.

이렇게 크리스마스 때가 되면 유럽에서는 술뿐만 아니라 과자나 빵에 각종 견과류와 계피, 말린 과일을 넣어 만드는 경우가 많다. 또한, 말린 과일들을 골고루 모은 선물세트도 이즈음 마켓에 잔뜩 진열되는데, 이는 옛부터 보존 음식인 말린 과일이나 견과류는 크리스마스를 축하하는 귀한 음식으로 여겨져 왔고 이듬해의 풍작을 기원하는 뜻도 있어 전통적으로 크리스마스 식문화 중 하나로 지켜지고 있다. 예를 들어, 계피나 정향 같은 향신료를 사용하는 것도 동방박사가 그리스도 탄생을 축하하며 향료를 가지고 온 데서 유래했다는 설도 있다. 여하튼 11월 말부터는 파리를 비롯하여 유럽 도심 곳곳에 크리스마스 시장이 열리고 크리스마스를 축하하는 각종 음식과 선물 등으로 가득 차는데 이를 중심으로 관광하는 것도 색다른 경험이 된다. 특히나 알자스 지방 스트라스부르의 노엘막쉐(크리스마스 시장)는 전통적으로 꽤 유명해 12월경 관광객들이 많이 몰리기도 한다. 간단히 이런 분위기를 엿보고 싶다면 11월 말부터 열리는 샹젤리제 혹은 생제르망데프레에 있는 노엘막쉐도 즐길 만하다.

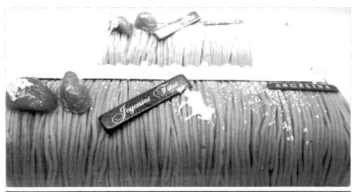

1 안젤리나의 몽블랑식 '부쉐 드 노엘Buche de Noel.
  우리나라 롤케이크같이 생긴 노엘부쉐는
  크리스마스 전후로 나오는 특별한 아이템이다.
  통나무 모양으로 생겨 '부쉐Buche'라는 명칭을 가진 케이크로
  보통 버터크림으로 장식을 하는데,
  안젤리나의 경우는 몽블랑과 같이 밤 무스로 장식했다.

2 크리스마스 선물로도 인기가 좋은 '마홍글라세Marron Glacé'

3 마홍글라세(포장하지 않은 것)

4 안젤리나의 '몽블랑'

파리에서의 행복
재래시장 탐방

우리 가족에게 파리에서의 매주 화, 금요일은 생선을 먹는 날이다. 우리 동네 생샤를SAINT CHARLE 거리에는 매주 화, 금요일에 재래시장[막쉐MARCHÉ]이 서기 때문이다. 네이버 마켓인 모노프리MONOPRIX나 프랑프리FRANPRIX보다도 훨씬 싱싱하면서 가격도 저렴하기 때문에 특별한 일이 없는 날이면 꼭 재래시장에 간다. 사실 영화나 책 속에서만 보았던 재래시장을 처음 방문했을 때에는 마치 나 자신이 영화 '쥴리 & 쥴리아' 주인공이었던 쥴리아(메릴 스트립)같이 연거푸 감탄을 하며 즐거워했었다. 통조림에 익숙한 미국 요리문화에 비해 다양하고 싱싱한 식재료를 가지고 제대로

요리를 하며 식문화를 즐기는 프랑스인들을 부러워한 끝에 '꼬르동블루'를 다니면서 미국인들을 위한 요리책을 발간, 직접 TV 요리 프로그램을 진행하면서 50년대 미국 요리 문화에 지대한 영향을 주었던 줄리아 차일드JULIA CHILD가 느꼈던 파리 재래시장의 첫인상은 나와도 같았으리라 생각된다. 이렇듯 파리 재래시장의 모습은 이들의 식문화를 한눈에 확인할 수 있는 곳이다. 음식이라는 것은 한 나라의 문화이고 현재의 모습을 하기까지 그들의 온갖 지혜가 녹아 있는 역사적 산물이라 생각된다. 그래서 그들의 음식을 이해한다면 한 나라의 문화를 이해할 수 있기 때문에 난 재래시장을 더 즐겁게 다닌 것 같다.

우리네 재래시장과도 같이 파리 재래시장은 언제나 활기차다. 호객을 위한 소리침은 없지만, 매주 화요일과 금요일이면 동네 많은 사람들이 모여들기 때문이다. 남녀노소 할 것 없이 하나같이 샤리오CHARIOT라는 끌고 다니는 장바구니를 들고 아침 일찍부터 집을 나선다. 아무리 나이가 많으신 할머니, 할아버지들도 재래시장이 서는 날은 즐거운 맘으로 장에 나오시는 것 같다. 마치 소풍 가는 사람들처럼. 북적거리는 가운데, 주위 빵집이며 약국, 옷가게 등도 덩달아 장사가 잘된다.

프랑스, 특히 파리는 집들이 작은 편이고 현관문이나 거실문 등이 작기 때문에 우리와 같은 양문형 냉장고가 아예 집 안에 들어가지 못하는 경우도 많다. 한마디로 냉장고 등을 매우 작은 것들을 사용하고 먹을거리 또한 그때그때 싱싱한 것을 사다 먹는 것이 이들의 습관이다. 그래서인지 시장에 나온 할머니, 할아버지들께서 구입하시는 고기량도 50~150그램 남짓하다. 우리 같으면 그 정도 달라고 하기에 왠지 쑥스럽고 멋쩍을 것 같은데도, 한 끼로 구워 먹을 만한 1인분의 양을 아주 당당한 모습으로 요구하신다. 주문을 받은 정육점 아저씨도 아주 기쁜 표정으로 포장해 주시면서 "또 필요하신 거 없나요?" 하면 할머니는 "네, 이제 그만입니다(쎄뚜 C'EST TOUT)." 하며 인사를 하고 다른 코너로 발걸음을 움직인다. 미국에서나 한국에서처럼 1주일에 한 번 많은 양의 장을 봐서 내내 냉장고에 보관하며 먹던 습관이 있던 나는 처음 파리에 왔을 때 과일도, 고기도 한꺼번에 구입을 했다. 하지만 차츰 이들처럼 그날 먹을 양만, 맛있게 싱싱하게 즐길 양만 구매하는 습관이 길러졌다.

재래시장에 가면 재료의 다양함뿐 아니라 판매하는 이들의 다양함도 느낄 수 있다. 우선, 재료의 다양함을 보자면 우리에게 이색적인 '토끼', '꿩'은 물론 소, 돼지, 양의 뇌장(골CERVELLE), 심장COEUR, 혀LANGUE, 족발, 머리TETE, 소의 발, 손톱ONGLET 등 가지각색의 부위를 식재료로 사용함을 알 수 있다. 또한 연어, 도미, 우럭, 관자, 가자미, 홍어, 아구 등등 계절별로 30여 가지가 넘는 해산물은 식탁을 더욱 풍성하게 해 준다.

반면, 아랍인들은 갖가지의 너트 종류와 올리브, 말린 과일 등을, 중국 상인들은 각종 잡화를 싼값에 내놓고 있어 언제나 사람들로 북적거린다. 어느 날에는 장을 보는데 한눈에 들어오는 글자가 있었다. 바로 한글로 '딱풀'이라고 적힌 풀이었다. 한국에서 보던 노란 빛깔의 딱풀을 파리 한복판, 재래시장에서 보게 되니 왠지 모를 반가움에 혼자서 웃음을 지으며 지나갔던 기억은 아직도 생생하다.

나의 구매습관 중 하나는 가능한 한 많은 상점을 다니면서 가격을 비교한 후 품질 대비 착한 가격의 제품을 구매하는 것이다. 그렇기 때문에 재래시장에 다닌 지 얼마 되지 않았을 때는 단번에 제품을 구입하기보다는 재래시장 전체를 다 다니며 가격을 비교한 후 저렴한 곳에서 물건을 구입했었다. 그런데 참으로 이상한 점은 코너마다 가격차가 너무 크다는 것이었다. 우리나라 같으면 옆 가게의 사과가 저렴하면 같이 가격도 내리고 맞추려 했을 텐데 이곳에서는 그러한 일은 전혀 없어 보인다. 판매하는 사람은 자신의 상품에 대한 자부심이 강한 편이라 옆가게나 바로 뒤편 전문점의 가격에는 아랑곳하지 않는다. 자신이 판매하는 제품이 우수하다면 가격을 높게 책정하여 제대로 받는다. 어느 날 프랑스 친구에게 재래시장에서 물건을 잘 고르는 방법이 뭐냐고 물었더니 '비싼 것을 사면 된다'는 당연한 대답을 들은 적이 있다. 맞다. 가격이 정직해서, 좋은 것을 먹고 싶으면 높은 가격의 제품을 구매하면 된다. 우리네처럼 옆집, 뒷집 눈치 보지 않고 가격을 책정하기 때문에 믿고 구매해도 전혀 후회가 없다. 그래서 값비싼 과일을 가지고 오는 아저씨에게도 단골이 끊이지 않는다. 이미 재래시장 곳곳의 코너는 가격과 품질에 대한 오래된 신뢰가 쌓여 있어 주위에 많은 네이버 마켓이나 전문점, 할인점이 있어도 문제없이 건재하다. 역시 프랑스인들답다. 단순히 눈앞의 가격경쟁이 아니라, 뭐든 멀리 내다보고 인내하며 자신만의 영역을 확고히 지켜 나가는 것을 보면…. 아직도 눈에 선하다. 베레모를 쓰고 나온 과일가게 아저씨. 처음 이 아저씨에게 망고를 사려고 가격을 물으니, "언제 먹을 건가요? 오늘, 내일, 내일모레?" 하고 나에게 물었다. 그 이유는 언제 먹을 건지에 따라 망고를 골라 주려고 했던 것이다. 이틀 후에 먹을 망고를 골라 주어 그대로 와서 알려 준 대로 보관 후 먹었는데, 정말 그 맛은 내가 먹어본 망고 중 가장 맛있었던 것 같다. 그 아저씨에게는 신뢰뿐 아니라 배려까지 너무도 고맙다는 생각이 든다.

⬆ 1구역 재래시장

Marché Saint-Honoré

수 12:30 ~ 8:30 p.m.
토 7:00 a.m. ~ 3:00 p.m.
Place du Marché Saint Honoré
Ⓜ Pyramides

Marché Saint-Eustache-Les Halles

목 12:30 ~ 8:30 p.m.
일 7:00 a.m. ~ 3:00 p.m.
Rue Rambuteau와 Rue du Jour 사이
Ⓜ Châtelet-Les Halles

⬆ 2구역 재래시장

Marché Bourse

목, 금 12:30 ~ 8:30 p.m.
Place de la Bourse
Ⓜ Bourse

⬆ 3구역 재래시장

Enfants Rouges Covered Market*추천

화~토 8:30 a.m. ~ 1:00 p.m. &
4:00 ~ 7:30 p.m.
금, 토에는 8:00 p.m.까지
일 8:30 a.m. ~ 2:00 p.m.
39, rue de Bretagne
Ⓜ Temple or Filles du Calvaire

⬆ 4구역 재래시장

Marché Baudoyer

수 12:30 ~ 8:30 p.m.
토 7:00 a.m. ~ 3:00 p.m.
Place Baudoyer
Ⓜ Hôtel de Ville

⬆ 5구역 재래시장

Marché Maubert

화, 목 7:00 a.m. ~ 2:30 p.m.
토 7:00 a.m. ~ 3:00 p.m.
Place Maubert
Ⓜ Maubert-Mutualité

Marché Place Monge

화, 금 7:00 a.m. ~ 2:30 p.m.
일 7:00 a.m. ~ 3:00 p.m.
Place Monge
Ⓜ Place Monge

Marché Port Royal

화, 목 7:00 a.m. ~ 2:30 p.m.
토 7:00 a.m. ~ 3:00 p.m.
Boulevard du Port Royal
Ⓜ Port-Royal

⬆ 6구역 재래시장

St-Germain Covered Market

화~금 8:30 a.m. ~ 1:00 p.m. &
4:00 ~ 8:00p.m.
토 8:30 a.m. ~ 1:30 p.m. & 3:30 ~ 8:00 p.m.
일 8:00 a.m. ~ 1:30 p.m.
4-6, rue Lobineau
Ⓜ Mabillon

Marché Raspail

화, 금 7:00 a.m. ~ 2:30 p.m.
Boulevard Raspail(Rue du Cherche-Midi와
Rue de Rennes 사이)
Ⓜ Rennes

Raspail Organic Food Market*추천

일 9:00 a.m. ~ 3:00 p.m.
Boulevard Raspail(Rue du Cherche-Midi와
Rue de Rennes 사이)
Ⓜ Rennes

＊ Ⓜ : 지하철(역) Metro

⬆ 8구역 재래시장

Treilhard Covered Market

월~토 8:30 a.m. ~ 8:30 p.m.
1, Rue Corvetto
ⓜVilliers

Marché Aguesseau

화, 금 7:00 a.m. ~ 2:30 p.m.
ⓜMadeleine

Batignolles Organic Market

토 7:00 a.m. ~ 3:00 p.m.
Terre-plein Bd des Batignolles
ⓜRome, Place de Clichy

⬆ 9구역 재래시장

Marché Anvers

금 3:00 ~ 8:30 p.m.
Place d'Anvers
ⓜAnvers

⬆ 10구역 재래시장

Marché Alibert

일 7:00 a.m. ~ 3:00 p.m.
Rue Alibert(The St-Louis Hospital 근처)
ⓜGoncourt

St-Martin Covered Market

화~금 9:30 a.m. ~ 1:00 p.m. &
4:00 ~ 7:30 p.m.
토 9:00 a.m. ~ 7:30 p.m.
일 9:00 a.m. ~ 1:30 p.m.
31-33, Rue du Château d'Eau
ⓜChâteau d'Eau

St-Quentin Covered Market*추천

화~금 9:00 a.m. ~ 1:00 p.m. &
4:00 ~ 7:30 p.m.
토 9:00 a.m. ~ 1:00 p.m. & 3:30 ~ 7:30 p.m.
일 8:30 a.m. ~ 1:30 p.m.
85, Bis Boulevard Magenta
ⓜGare de l'Est

⬆ 11구역 재래시장

Marché Belleville

화, 금 7:00 a.m. ~ 2:30 p.m.
Boulevard de Belleville
ⓜBelleville

Marché Charonne

수 7:00 a.m. ~ 2:30 p.m.
토 7:00 a.m. ~ 3:00 p.m.
129, Boulevard de Charonne~Rue Alexandre Dumas
ⓜAlexandre Dumas

Marché Bastille

목 7:00 a.m. ~ 2:30 p.m.
일 7:00 a.m. ~ 3:00 p.m.
Located on Boulevard Richard Lenoir(Rue Amelot와 Rue St-Sabin 사이)
ⓜBastille

Marché Père-Lachaise

목, 금 7:00 a.m. ~ 2:30 p.m.
Boulevard de Ménilmontant(rue Panoyaux와 Rue des Cendriers 사이)
ⓜMénilmontant

Marché Popincourt

목, 금 7:00 a.m. ~ 2:30 p.m.
Boulevard Richard-Lenoir
(Rue Oberkampf와 Rue Jean-Pierre Timbaud 사이)
ⓜOberkampf

⚡ 12구역 재래시장

Marché Auguste-Blanqui

화, 금 7:00 a.m. ~ 2:30 p.m.
일 7:00 a.m. ~ 3:00 p.m.
Boulevard Blanqui(Place d'Italie와 Rue Bar-rault 사이)
Ⓜ Corvisart, Place d'Italie

Marché Bobillot

화, 금 7:00 a.m. ~ 2:30 p.m.
Rue Bobillot(Place Rungis와 Rue de la Colonie 사이)
Ⓜ Tolbiac

Marché Maison-Blanche

목 7:00 a.m. ~ 2:30 p.m.
일 7:00 a.m. ~ 3:00 p.m.
110-162, Avenue d'Italie
Ⓜ Maison-Blanche

⚡ 13구역 재래시장

Marché Salpêtrière Boulevard de l'Hôpital
화, 금 7:00 a.m. ~ 2:30 p.m.
Boulevard de l'Hôpital
Ⓜ Saint-Marcel

Marché Vincent-Auriol

수 7:00 a.m. ~ 2:30 p.m.
토 7:00 a.m. ~ 3:00 p.m.
Boulevard Vincent Auriol
Ⓜ Chevaleret

Marché Jeanne d'Arc

목 7:00 a.m. ~ 2:30 p.m.
일 7:00 a.m. ~ 3:00 p.m.
Place Jeanne d'Arc
Ⓜ Nationale

Paris Rive Gauche Rue Jean Anouilh

금 12:00 ~ 8:45 p.m.
Rue Jean Anouilh
Ⓜ Bibliotheque-Francois Mitterrand

⚡ 14구역 재래시장

Marché Brune

목 7:00 a.m. ~ 2:30 p.m.
일 7:00 a.m. ~ 3:00 p.m.
L'impasse Vandal과 #71 Boulevard Brune 사이
Ⓜ Porte de Vanvesl

Marché Edgar-Quinet

수 7:00 a.m. ~ 2:30 p.m.
토 7:00 a.m. ~ 3:00 p.m.
Boulevard Edgar Quinet
Ⓜ Edgar-Quinet

Marché Villemain

수 7:00 a.m. ~ 2:30 p.m.
일 7:00 a.m. ~ 3:00 p.m.
Avenue Villemain
Ⓜ Plaisance

Marché Mouton-Duvernet

화, 금 7:00 a.m. ~ 2:30 p.m.
Place Jacques Demy
Ⓜ Mouton-Duvernet

Brancusi Organic Market

토 9:00 a.m. ~ 3:00 p.m.
Place Constantin Brancusi
Ⓜ Gaité

⬆ 15구역 재래시장

Marché Convention

화, 목 7:00 a.m. ~ 2:30 p.m.
일 7:00 a.m. ~ 3:00 p.m.
Rue Convention(Rue Al. Chartier와 Rue l'Abbé
Groult 사이)
Ⓜ Convention

Marché Grenelle*추천

수 7:00 a.m. ~ 2:30 p.m.
일 7:00 a.m. ~ 3:00 p.m.
Boulevard de Grenelle(Rue Lourmel과 Rue du
Commerce 사이)
Ⓜ La Motte-Piquet Grenelle

Marché Lecourbe

수 7:00 a.m. ~ 2:30 p.m.
토 7:00 a.m. ~ 3:00 p.m.
Rue Lecourbe(Rue Vasco de Gama와 Rue
Leblanc 사이)
Ⓜ Balard, Lourmel

Marché Brassens

금 3:00 ~ 8:30 p.m.
Place Marette
Ⓜ Convention

Marché Lefebvre

목 7:00 a.m. ~ 2:30 p.m.
토 7:00 a.m. ~ 3:00 p.m.
Boulevard Lefebvre(Rue Olivier de Serres와
Rue Dantzig 사이)
Ⓜ Porte de Versailles

Marché Saint-Charles*추천

화, 금 7:00 a.m. ~ 2:30 p.m.
Rue St-Charles(Rue Javel과 the St-Charles
Roundabout(rond point))
Ⓜ Javel-André Citroën

⬆ 16구역 재래시장

Marché Auteuil

수 7:00 a.m. ~ 2:30 p.m.
토 7:00 a.m. ~ 3:00 p.m.
Place Jean Lorrain
Ⓜ Michel-Ange-Auteuil

Marché Gros-La-Fontaine

화, 금 7:00 a.m. ~ 2:30 p.m.
Rue Gros and Rue La Fontaine
Ⓜ Ranelagh

Marché Point du Jour

화, 목 7:00 a.m. ~ 2:30 p.m.
일 7:00 a.m. ~ 3:00 p.m.
Avenue de Versailles(Rue Le Marois와 Rue Gudin
사이)
Ⓜ Porte de Saint-Cloud

Marché Porte Molitor

목, 금 7:00 a.m. ~ 2:30 p.m.
Place de la Porte Molitor
Porte Molitor

Marché Président Wilson*강추

수 7:00 a.m. ~ 2:30 p.m.
토 7:00 a.m. ~ 3:00 p.m.
Avenue du President Wilson(Rue Debrousse와
the Place d'Iéna 사이)
Ⓜ Alma-Marceau, Iéna

Marché Amiral Bruix

수 7:00 a.m. ~ 2:30 p.m.
토 7:00 a.m. ~ 3:00 p.m.
Boulevard Bruix(Rue Weber와 Rue Marbeau 사이)
Ⓜ Porte Maillot

Passy Covered Market

화~금 8:00 a.m. ~ 1:00 p.m. & 4:00 ~ 7:00 p.m.
토 8:30 a.m. ~ 1:00 p.m. & 3:30 ~ 7:00 p.m.
일 8:00 a.m. ~ 1:00 p.m.
Place de Passy
Ⓜ La Muette

⚓ 17구역 재래시장

Marché Berthier

수 7:00 a.m. ~ 2:30 p.m.
토 7:00 a.m. ~ 3:00 p.m.
Boulevard de Reims(the Square A. Ulmann을
따라)

Ⓜ Porte de Champerret

Ternes Covered Market

화~토 8:00 a.m. ~ 1:00 p.m. &
4:00 ~ 7:30 p.m.
토 8:00 a.m. ~ 1:00 p.m. &
4:00 ~ 7:30 p.m.
일 8:00 a.m. ~ 1:00 p.m.
8, bis rue Lebon

Ⓜ Ternes

Marché Navier

화, 금 7:00 a.m. ~ 2:30 p.m.
Rue Navier, Rue Lantiez와 Rue des Epinettes
근처에 있는 시장

Ⓜ Guy Moquet

Batignolles Covered Market

화~금 8:30 a.m. ~ 1:00 p.m. &
3:30 ~ 8:00 p.m.
토 8:30 a.m. ~ 8:00 p.m.
일 8:30 a.m. ~ 2:00 p.m.
96, bis rue Lemercier

Ⓜ Brochant

Ternes Covered Market

화~토 8:00 a.m. ~ 1:00 p.m. &
4:00 ~ 7:30 p.m.
토 8:00 a.m. ~ 1:00 p.m. &
4:00 ~ 7:30 p.m.
일 8:00 a.m. ~ 1:00 p.m.
8, bis rue Lebon

Ⓜ Ternes

Marché Navier

화, 금 7:00 a.m. ~ 2:30 p.m.
Rue Navier, Rue Lantiez와 Rue des Epinettes
근처에 있는 시장

Ⓜ Guy Moquet

Batignolles Covered Market

화~금 8:30 a.m. ~ 1:00 p.m. & 3:30 ~ 8:00 p.m.
토 8:30 a.m. ~ 8:00 p.m.
일 8:30 a.m. ~ 2:00 p.m.
96, bis rue Lemercier

Ⓜ Brochant

⚓ 18구역 재래시장

Marché Ornano

화, 금 7:00 a.m. ~ 2:30 p.m.
일 7:00 a.m. ~ 3:00 p.m.
Boulevard Ornano(Rue Mt-Cenis와 Rue Or-
dener 사이)

Ⓜ Simplon

Marché Barbès

수 7:00 a.m. ~ 2:30 p.m.
토 7:00 a.m. ~ 3:00 p.m.
Boulevard de la Chapelle

Ⓜ Barbès-Rochechouart

Marché Ney

목 7:00 a.m. ~ 2:30 p.m.
일 7:00 a.m. ~ 3:00 p.m.
Boulevard Ney(Rue Jean Varenne와 Rue
Camille Flammarion 사이)

Ⓜ Pte de St-Ouen, Pte de Clignancourt

Marché Ordener

수 7:00 a.m. ~ 2:30 p.m.
토 7:00 a.m. ~ 3:00 p.m.
Rue Ordener(Rue Montcalm와 Rue Champi-
onnet 사이)

Ⓜ Guy Moquet

La Chapelle Covered Market

화~금 9:00 a.m. ~ 1:00 p.m. &
4:00 ~ 7:30 p.m.
토 9:00 a.m. ~ 1:00 p.m. & 3:30 ~ 7:30 p.m.
일 8:30 a.m. ~ 1:00 p.m.
10, Rue l'Olive

Ⓜ Marx Dormoy

⬆ 19구역 재래시장

Marché Villette

수 7:00 a.m. ~ 2:30 p.m.
토 7:00 a.m. ~ 3:00 p.m.
#27-41, Boulevard de la Villette 사이
Ⓜ Belleville

Marché Jean-Jaurès

화, 목 7:00 a.m. ~ 2:30 p.m.
일 7:00 a.m. ~ 3:00 p.m.
Avenue Jean-Jaurès(Rue Adolphe Mille와
#195 Avenue Jean Jaures
사이)
Ⓜ Ourcq or Porte de Panti

Marché Joinville

목 7:00 a.m. ~ 2:30 p.m.
일 7:00 a.m. ~ 3:00 p.m.
Place de Joinville

Ⓜ Crimée

Marché Place des Fêtes

수 7:00 a.m. ~ 2:30 p.m.
토 7:00 a.m. ~ 3:00 p.m.
Place des Fêtes
Ⓜ Place des Fêtes

Marché Porte Brunet

수 7:00 a.m. ~ 2:30 p.m.
토 7:00 a.m. ~ 3:00 p.m.
Avenue de la Porte Brunet
Ⓜ Danube

Marché Crimée-Curial

화, 금 7:00 a.m. ~ 2:30 p.m.
236-246, Rue de Crimée
Ⓜ Crimée

⬆ 20구역 재래시장

Marché Belgrand

수 7:00 a.m. ~ 2:30 p.m.
토 7:00 a.m. ~ 3:00 p.m.
Rue Belgrand, Rue de la Chine와 Place Edith
Piaf
Ⓜ Gambetta

Marché Davout

화, 금 7:00 a.m. ~ 2:30 p.m.
Boulevard Davout(Avenue de la Porte de
Montreuil and Rue Mendelsson 사이)
Ⓜ Porte de Montreuil

Marché Pyrénées

목 7:00 a.m. ~ 2:30 p.m.
일 7:00 a.m. ~ 3:00 p.m.
Rue des Pyrénées(Rue de l' Ermitage and Rue
de Ménilmontant 사이)
Ⓜ Pyrénées

Marché Réunion

목 7:00 a.m. ~ 2:30 p.m.
일 7:00 a.m. ~ 3:00 p.m.
Place de la Réunion
Ⓜ Alexandre Dumas

Marché Télégraphe

수 7:00 a.m. ~.2:30 p.m.
토 7:00 a.m. ~ 3:00 p.m.
Rue de Belleville에 가깝고 Rue du Télégraphe
에 따라 위치

Ⓜ Télégraphe

매년 크리스마스부터 다음 해 1월까지만 판매되는 갈레트 데 루와Gallette Des Rois
이벤트를 위해 항상 종이 왕관도 사은품으로 준다.

종교와 관련된 먹을거리와 공휴일
프랑스는 가톨릭 국가다?

유럽의 크리스마스는 길다. 12월 25일, 하루가 아닌 약 12일의 크리스마스를 즐긴
다. 그래서 유럽의 크리스마스 시즌은 다음 해 1월 6일, '주님공현대축일'까지로 한
다. 크리스마스트리 및 각종 장식도 공현제 당일이나 전날까지 그대로 유지한다.
'주님 공현公現 대축일'은 동방박사 세 명이 예수 그리스도의 탄생을 축하하러 온 것
을 계기로 예수 그리스도가 공개적으로 알려지게 됨을 축하하는 행사이다. 통상적
으로 이 축일은 1월 6일에 기념하지만, 1월 6일이 공휴일인 국가에서는 고정시켜 지
내는 반면, 그렇지 않은 나라에서는 1월 2~8일 사이 주일主日에 지낸다.

유럽에서는 전통적으로 크리스마스 날로부터 12일째 되는 이날에 과자를 먹는 풍
습이 있었다고 한다. 함께 과자를 먹으며 그 안에 숨겨진 콩FÈVE을 차지하게 된 사
람을 '왕KING'으로 추대하여 게임을 진두진휘할 수 있게 하는 풍습이 있다. 이러한
풍습에 따라 프랑스에서 단 12일 동안만 먹을 수 있는 과자가 있는데, 이것이 갈레
트 데 루와GALLETTE DES ROIS이다. 두 겹의 파이 사이에 아몬드 가루와 설탕, 우유, 계
란 등을 섞어 넣어 구운 과자인데, 이 안에도 마치 콩같이 생긴 작은 도자기 인형
(페브FÈVE)이 숨겨져 있다. 갈레트를 구입하면 종이 왕관도 함께 주는데, 이는 페브
를 찾아낸 사람에게 씌워 주고 왕으로 추대하는 이벤트에 사용하라는 뜻이다. 그
래서 그 페브를 차지하려고 갈레트 데 루와를 먹는 아이들은 모두들 혈안이 되기도
하고, 수십 년간 이 페브를 수집하는 사람들도 있다.

매년 2월이 되면 마켓에는 크레페Crepe 재료들이 한곳에 모여 진열되고 있다.

반면, 이 기간에는 갈레트 외에 또 눈에 띄는 과자류들이 있다. 말린 과일이 색색가지로 장식된 동그란 케이크. 이는 주로 영국에서 즐겨 먹는 과자 형태라고 하는데, 갈레트를 비롯한 이러한 과자들은 공현제가 끝나면 자연스럽게 마켓이나 제과점 등에서 사라진다. 먹고 싶어도 먹을 수 없는, 1년에 길어야 단 1개월 동안만 사 먹을 수 있는 먹을거리이다.

프랑스에서 매년 2월 2일은 'La Chandeleur(聖燭節)', 즉 '성모마리아 축복의 날'이다. 그런데 그해의 축복과 행복을 비는 전통이 변하여 '크레페데이 LE JOUR DES CRÊPES'가 되었다. 그래서 1월 마지막 주에서부터 2월 2일을 정점으로 마켓에는 크레페 CRÊPES 재료들, 즉 밀가루, 설탕, 우유, 여기에 발라 먹는 잼이나 크림, 그리고 크레페를 굽는 전용 전기 프라이팬 등이 메인 진열대를 가득 채운다. 크레페 데이 유래를 보면, 어려웠던 옛날 크레페를 만들어 가난한 이웃과 나누어 먹던 풍습이 점차 그해의 행운을 점쳐 보는 뜻으로 변해왔다고 한다. 그날 가족들과 함께 크레페를 만들면서 오른손에는 프라이팬을, 왼손에는 금반지를 잡고 동시에 공중으로 크레페와 금반지를 던져 각 양손으로 다시 받아 내면 부자가 된다는 이야기가 있다.

이렇듯 프랑스는 먹을거리뿐 아니라 국경일도 가톨릭 축일에 따른다. 파리에 와서 당황했던 것 중 하나가 이들의 이동移動국경일이었다. 국경일 날짜가 변경될 뿐 아니라, 주로 목요일, 금요일에 있어 마켓을 비롯한 빵집 등이 3~4일 연속 문을 닫은 적도 있었다. 파리에 온 첫해, 이러한 국경일 연휴로 인해 물과 우유를 구매하지 못해 고생을 한 적도 있다. 하지만 최근에는 경기 불황 때문인지 무작정 휴일을 갖는 매장들이 줄었다.

매년 3~4월 부활기간에 유명 쇼콜라티에(초콜릿 브랜드의 장인匠人)들은 부활 기념 초콜릿 작품들을 선보인다.

국경일은 부활절을 기준으로 산정되기 때문에 매년 변경된다. 예를 들어, 8월 15일 '성모 승천 대축일', 11월 1일 '모든 성인(聖人)의 날'을 제외하고는 3~4월 중 부활절, 5월 중 '주님 승천 대축일(부활주일 후 6주차 목요일)', '성령 강림 대축일(부활주일 후 7주차 일요일)' 등은 모두 이동 축일이라 만약 프랑스 여행을 계획 중이라면 참조할 필요가 있다. 특히, 성탄절과 함께 가장 큰 축제일로 통하는 '부활절'은 박물관이나 기타 기관들이 휴일에 들어가기 때문이다.

물론 휴일은 아니지만, 주님 공현 대축일과 같이 갖가지 가톨릭 행사들에 맞추어 많은 문화 행사나 생활 관습이 전해져 내려오고 있다. 프랑스 학교는 연간 10여 일의 큰 방학이 여름 바캉스를 제외하고는 4회 있는데, 이 중 3회가 가톨릭 축제와 연관된 이름으로 불린다. 2월 스키방학을 제외하고는 4월 부활방학, 10월 뚜썽TOUT SAINT: 즉, 모든 성인의 날방학, 12월 성탄방학이라고 일컫고 있다.

부활절에서 주일을 제외하고 40일간을 거슬러 올라가면 거의 2월 말이 되는데, 이 때 '니스'에서는 큰 축제가 있다. 이 행사는 단식재에 들어가기 전에 벌어지는 카니 발CARNIVAL의 일종으로 프랑스에서의 유명한 축제 중 하나다. 특히, 행사의 마지막 날, 즉 화요일을 일컬어 '막디그라MARDI GRAS'라고 부르는데, 이날은 축제의 절정이 되는 날이다. 막디그라 다음 날부터 부활절까지 40일인 사순절 동안은 기름진 고 기와 술을 먹을 수 없기 때문에 마지막으로 이를 맘껏 먹는 것이 이날의 전통이다. 이날이 지나면, 금육과 단식, 참회의 40일을 보내야 하기에 그전에 카니발CARNIVAL: 어 원은 '육식을 중단하다'임 축제를 벌이는 것이다.

영화 '쇼콜라CHOCOLAT'에도 나오듯 사순 시기가 되면 기름진 고기와 술은 물론 초콜 릿에 대한 유혹도 참아 내야 한다. 아는 분의 따님도 이 시기가 되면 초콜릿을 무 척 좋아함에도 불구하고 거의 40여 일 먹지 않는다고 한다. 그래서 부활 시기에 맞 추어 유명 초콜릿 브랜드 매장이나 일반 마켓에는 초콜릿이 가득하다. 사순 시기 를 잘 참아 낸 후 맛보는 초콜릿은 어느 때보다도 달콤할 것 같다. 유명 초콜릿 브 랜드의 쇼콜라티에들은 달걀 모양의 초콜릿을 매년 하나의 기념 작품과 같이 조각 하여 선보인다. 또한, 프랑스인들은 최대 가족 명절인 이 가족 행사를 위해 이러한 초콜릿을 주문한다. 그리고 선물로 초콜릿을 서로 주고받고 각종 가족 이벤트를 벌인다. 그래서 많은 초콜릿 브랜드들은 부활절을 밸런타인데이보다 더 큰 대목으 로 생각하고 마케팅을 한다.

CHAPTER 2
파리지엥의
생활노트

크로크무슈와
크로크마담의 차이

요즈음 한국에서도 브런치 열풍으로 프렌치 스타일의 메뉴가 인기인가 보다. 예를 들면, 프렌치 토스트와 크로크무슈 등이 주요 인기 메뉴라 한다. 그런데 파리에는 크로크무슈CROQUE MONSIEUR 외에 크로크마담CROQUE MADAME도 있다. 이 둘의 차이는 달걀 프라이 1개. 크로크마담은 크로크무슈 위에 달걀 프라이 한 개가 더 얹어서 나오고 가격은 0.5~1유로로 더 비싸다.

이렇듯 프랑스는 얼핏 보면 여성 우위 사회인 것 같다. 이들의 가정 혹은 개인생활을 보아도 여성들의 목소리가 더 크고 센 것 같고, 겉으로는 남녀 평등 의식이 무척 강해 보인다. 하지만 실상은 우리의 생각과 반대이다. 다른 유럽 국가들에 비해 보수적인 나라가 프랑스이다. 영국이나 오스트리아 등등의 나라에 있었던 여왕이 프랑스에는 없었다는 점을 보아도, 즉 왕위계승권이 남자에게만 있었다는 사실만 보아도 우리가 생각하는 것과 다르다. 프랑스 여성들이 참정권을 가지게 된 것도 1944년이나 되어서라고 하니 보이지 않는 장벽이 여성들에게 있는 것 같다. 사실 현대에 와서도 정치권이나 고위직에 진출한 여성의 수가 타 유럽 국가들과 비교해 적을뿐더러 여성의원 비율도 14% 남짓한 것을 보면 여전히 남성 중심의 사회로 보인다. 더구나 1800년대 말까지 오페라 공연을 보러 가려 해도 남성이 동반되어야 했다고 한다. 또한, 당시 한창 인기인 café만 하더라도 20세기 초까지는 남성의 전유물이었다. 여성들은 카페출입이 되지 않았던 것이다. 그래서 이를 착안한 '라듀레LA DURÉE'가 마카롱을 앞세워 여성들의 출입이 가능한 살롱 드 떼SALON DE THÉ를 소개함으로써 그 명성을 얻기 시작했는지도 모른다.

▲ 프랑스인들의 일반서민 음식인 **크로크무슈**Croque Monsieur
▼ 달걀 프라이 한 개가 더 얹어진 **크로크마담**Croque Madame

모리조MORIZOT는 유일한 인상파 여성화가이다. 그녀의 그림을 보더라도 여성들의 활동 범위가 얼마나 좁았는지 알 수 있다. 그녀가 그린 그림은 오르세나 마르모탕 미술관에서 감상할 수 있는데, 주로 집 안 정원에서 노니는 아이들, 요람에 있는 아기 등등으로 당시 기차역이며 강과 들을 거닐며 그리던 인상파 남성화가와는 다른 주제들이다. 이렇듯 여성화가가 그리고자 해도 자유롭게 다닐 수 없어 한정된 소재로만 그림을 그리던 시절이 지금으로부터 100여 년 전 일이다.

모리조의 그림을 보면 매우 평화롭고 천진난만한 느낌이다. 그런데 이 여성화가를 모델로 그린 마네MANET의 그림을 보았을 때는 의외였다. 오르세 미술관에 가면 마네가 모리조를 모델로 그린 그림을 볼 수 있는데, 거기에서 모리조는 무척이나 요염하고 성숙한 팜므파탈의 모습이 느껴진다. 그녀의 그림과 연관지어 생각하기에 마네에게는 그녀가 너무도 여성스런 존재였나 보다. 하지만 모델이자 동료였던 모리조는 마네의 동생과 결혼을 해서 마네에게는 제수씨가 되는데, 왠지 베르트 모리조와 에드아르 마네의 '은밀한 관계'는 그림 속에서 지워지지 않는다.

1
2
3

1 모리조_부지발에서 모리조의 남편(외젠 마네)과 딸, 마르모탕 미술관
2 마네_모리조의 초상화, 마르모탕 미술관
3 모리조_요람, 오르세 미술관

파리는 아날로그를 좋아해?

파리는 아날로그다. 아니 파리지엥과 파리지엔느는 아날로그 삶을 살아간다. 그들은 자신들이 아날로그적인 삶을 산다고 인식하지 못하겠지만, 급격히 변화하는 디지털 혁명 속에서 살다 온 우리에게 그들의 삶은 아날로그다. 그들의 아날로그 삶은 파리 곳곳에서 찾아볼 수 있다.

첫째로, 지하철 광고판이다. 처음 지하철에 있는 광고 벽보를 보고는 과연 이것이 소위 '패션'을 리드한다는 파리와 어울리는 것인가 할 정도로 촌스러웠다. 일일이 커다란 벽보를 새로 붙이기 위해 풀통과 붓, 사다리를 들고 다니는 아저씨의 모습도 나에게는 이상하게만 느껴졌다. 또한, 광고 기한이 끝나면 이를 떼 내는 작업도 모두 손으로 '파팍' 찢어 낸다. 그리고 그 위에 다시 풀칠을 하고 새로운 광고 종이를 붙인다. 한국에서는 잘 볼 수 없는 커다란 종이벽보. 그 촌스러웠던 광고가 어느 날부터인가 좋아졌다. 그건 아마도 모 전자회사에서 후원해 설치한 디지털 방식의 광고판이 등장한 이후였다. 이 디지털 방식의 광고판은 몇 초 간격으로 여러 광고가 자동으로 변경되며 단시간에 많은 광고를 볼 수 있다. 하지만 광고를 보고 어떤 정보를 얻고자 하면 광고가 너무도 순식간에 변해 가서 내 맘이 급해지고 숨 가빠진다. 광고를 하는 입장에서는 소비자에게 단번에 많은 것을 되도록이면 빨리 보여 주며 머릿속에 각인시키는 효과가 있겠지만, 소비자인 나의 입장에서는 뭔가를 느끼고자 하니 오히려 맘만 어지럽게 만드는 것 같았다. 반대로 아날로그식 벽보 광고는 내가 보고자 하면 마치 미술관에서 그림을 감상하듯 한없이 천천히 계속해서 질릴 때까지 내 맘대로 보고 즐길 수 있다. 아주 작은 깨알 같은 글씨의 정보조차도 여유 있게 읽고 광고가 주는 메시지와 기타 내용 등이 무엇인가를 스스로 느낄 수 있다. 광고주가 아닌 내가 주체, 주인이 되어 내가 이해하고자 하는 만큼 이해할 수 있도록 나에게 여유를 준다.

파리 지하철 내 종이 벽보 광고판은 촌스럽지만 나에게 광고를 여유롭게 바라볼 수 있는 여유를 준다.

지금까지 마케터로 일해 오면서 소비자들에게 최대한 짧은 시간에 강력한 이미지를 심어 주는 데에만 중점을 두었는데, 과연 그것이 옳은 것만은 아니구나 하는 것을 알게 되었다. 광고 기한이 마감되어 찢긴 벽보는 어느 화가의 아틀리에로

최근 파리에 등장한 디지털 방식의 광고판

보내져 새로운 작품으로 재생되는 경우도 있다. 우연히 방문한 화가의 아틀리에에서 찢긴 벽보 용지 등이 재활용되어 작품에 쓰인 것을 보고는 이러한 아날로그 광고를 더 좋아하게 되었다.

둘째, 프랑스에서는 이메일보다는 자필로 작성한 편지가 많이 오간다. 아니, 이메일도 많이 오가겠지만, 중요한 사안은 이메일이 아닌 자필로 된 편지, 특히 등기로 보내야 한다. 그래서 파리에서 가장 바쁜 곳 중 하나가 우체국이다. 심지어 토요일에도 아침 일찍부터 편지를 전달하기 바쁘다. 그리고 우체국에는 항상 긴 줄이 있다. 사람들이 뭐든 편지를 써서 보내야 하기 때문이다. 그것이 연애편지일 수도 있고 문안편지일 수도 있겠지만, 관공서와의 문제는 항상 자필 편지로 해결해야 한다. 예를 들면, 세금이 예상보다 많이 나와서 이를 감해 달라는 편지, 주차위반 티켓을 받았는데 사정이 이러하니 소멸해 달라는 편지, 집주인이 집세를 턱없이 올리니 이에 대한 조정을 해 달라고 변호사에게 보내는 편지, 심지어 3개월 후면 이사를 간다고 주인과 부동산에 통보하는 편지 등등 향후 문제의 소지가 있는 일들은 뭐든 편지를 써서 등기로 보내야 한다. 바쁘다고 귀찮다고 이메일이나 전화를 이용하면 일은 진전되지 않는다. 하지만 편지를 보내면, 특히 등기로 보내면 이는 명확한 물증이 있으므로 상대방도 나의 일을 우선으로 처리해 주기 때문에 편지를 써야 한다. 예전에 파리에서 유학했던 남편 선배가 파리에서 한 일 중 기억나는 것은 오직 '편지 쓴 일'밖에 없다고 했던 것처럼 이곳은 편지를 많이 쓴다. 이렇듯 이들의 생활은 아날로그다. 그래서 엄청 느리다. 그들의 '느림의 철학'을 반영하듯.

셋째로 내가 느낀 이들의 아날로그 삶은 바로 카페의 메뉴판이다. 매일 바뀌는 메뉴를 하얀색 흘림체로 적어 놓은 칠판. 그 칠판 위에 적힌 오늘의 메뉴를 살펴보고 있자면 왠지 정겹다. 어떤 레스토랑은 메뉴책을 주는 대신 칠판을 직접 들고 와 의자 위에 올려 놓고는 메뉴에 대한 설명을 해 준다. 카페 앞에 놓인 메뉴 칠판의 종류도 다양하다. 레스토랑 오픈 전 '오늘의 메뉴'를 칠판에 손수 적는 모습도 간간이 눈에 띈다. 사실 불어 필기체는 알아보기가 쉽지 않지만 이러한 글씨조차 파리를 대표하는 것같이 느껴지기 때문에 좋다.

◀ 보면 볼수록 정겨운 불어 필기체, 'Vin Chaud Maison, le verre 16cl, 3.8유로
　[가정식 뱅쇼, 한 잔(160㎖)에 3.8유로]
▶ 파리지엥들의 또 하나의 아날로그 삶인 카페의 메뉴판들

마지막으로 내가 느낀 이들의 아날로그 삶은 인터넷 없이도 잘사는구나 하는 경험 때문이다. 파리에서는 인터넷을 개설하는 데 보통 1~2개월이 소요된다. 이사를 한 후 인터넷을 신청했는데, 우리의 경우에는 개통되는 데 2개월이 소요되었다. 인터넷 라인이 없어 TV도 못 보고, 전화도 안 되고 이메일도 볼 수 없는 시간이 오래되니 처음에는 가슴도 답답하고 세상에서 격리된 느낌을 가지면서 우울해졌다. 물론, 인터넷 개설을 하기 위해 2개월이라는 시간을 보내며 개설 요청을 주기적으로, 끊임없이 해야 하는 불편함과 답답함에 우울한 것이기도 하지만 세상에서 멀어지는 듯한, 언제든 필요한 정보를 재빨리 취할 수 없다는 불안감이 몰려 왔다. 아마도 이것이 인터넷 금단현상 같은 것이 아닌가? 처음 1~2주일이 지나니 딸아이는 다시 책을 손에 들게 되고 우리 식구들은 식사를 하면서 TV나 인터넷을 보는 대신 대화를 하게 되었다. 우리에게 온라인 안식일을 맛보게 한 것이다. 프랑스인들은 본의 아니게 오래 걸리는 인터넷 개설 기간 때문에 이러한 온라인 안식일을 자주 즐기며 아날로그적 삶을 맘껏 누린다.

한국은 트렌드를 이용하는 마케팅을 한다. 그래서 어느 누구보다 먼저, 그리고 빨리 그것을 캐치해서 빠른 속도로 변화를 추구해야 한다. 디지털의 삶이다. 빨리 많은 것을 보여 주고 얻어야 하는 마케팅이 어울린다. 하지만 프랑스는 콘셉트와 그들만의 독창성을 중요시하는 마케팅을 한다. 그래서 느리고 답답해도 투자하고 기다릴 줄 알고 그 아날로그적 느린 삶 속에서 남들이 단번에 모방할 수 없는 명품과 브랜드 가치를 만들어 낸다. 와인이 숙성되어 제맛을 내기까지 기다려야 하는 것처럼….

사회적 강자!
프랑스 노인들

어느 선진국이든 그렇겠지만 프랑스에는 고령자들이 참 많다. 고령자들을 위한 시설이나 복지가 잘되어 있어 활동량이 많아 다른 나라에 비해 유독 거리에서 쉽게 볼 수 있어서 그렇게 느끼는 건지도 모르겠다. 더구나 연세가 지긋하신 분들끼리 손을 꼭 잡고 산책하는 모습을 보면 죽을 때까지 행복을 최상의 과제로 삼는 그들의 인생관을 볼 수가 있다. 즉, 개인적인 행복이 가정의 평화보다 우선한다는 인생관을 반영하듯, 프랑스에서는 평균적으로 한평생 3명의 배우자를 만난다고 하니 다정한 모습의 그분들이 백년해로를 기약한 첫 배우자는 아닌 듯하다.

프랑스에서는 노인_{老人}하면 보통 80세 이상으로 운전 등 일상생활에 큰 무리 없이 지내시는 분들이다. 동네 산책을 나올 때도 화장은 물론 치마와 블라우스, 카디건을 매치하고 굽이 있는 구두를 신는다. 간혹, 구부정한 허리를 지탱하기 위해 지팡이를 동반하는 분들은 보통 연세가 90세에서 100세, 혹은 100세가 넘는 분들도 많다. 하지만 혼자서도 대중교통을 충분히 이용하고, 장에 나와 먹을거리를 구매하고, 우체국에 와서 각종 상품을 상담하기도 한다.

프랑스 노인들은 부유하다. 점심시간이면 웬만한 동네 레스토랑은 그분들로 가득 찬다. 식사도 항상 외식을 하시는 것이다. 들은 얘기이지만 그들의 지정석이 따로 있을 정도라고 한다. 또한 저녁에 고급 레스토랑에 가면 보기에 럭셔리하면서도 연세가 지긋하신 분들이 꽤 많다. 오히려 젊은 사람들이 앉아 고급 음식을 먹는다는 것이 멋쩍을 정도로 그들의 삶을 즐긴다. 사실 젊은 연인들은 추운 겨울에도 센 강변에서 찬 바게트 샌드위치 또는 다 식은 인스턴트 파스타를 먹는 경우가 눈에 많이 띄는 반면, 프랑스는 노인들이 부유한 삶을 누린다. 젊은 층의 실업률이 상대적으로 높아 보이는 것도 이러한 세대 간 부_富의 불균형 때문이 아닐까? 지난 여름(2011년 8월) 런던 북쪽에서 있던 폭동 사건의 주동자들도 단순히 빈민층만이 가담한 것이 아니라 기업체 CEO의 자녀, 대학생들도 포함되어 있다는 사실

또한 점차 세대 간 부의 불균형, 혹은 기성세대가 가지고 있는 연금, 복지 등의 특권에 대한 젊은 층의 불만의 표출이 아닌가 싶다.

반면, 프랑스 노인들은 젊다. 특히 파리의 할머니들은 무척이나 세련되고 예쁘시다. 마들렌 근처 휘 호얄RUE ROYAL에는 그러한 할머니들을 위한 옷가게가 있는데 예쁜 블라우스와 카디건, 체크무늬 치마 등이 곱게 전시되어 있다. 하지만 할머니들은 그러한 매장 외에도 젊은이들이 많이 가는 자라ZARA나 에이치앤엠H&M에서 젊은이들과 같이 소매가 없는 옷도 고르고, 스키니 바지도 입어 보고 높은 부츠를 신어 보는 등 팔십이 되어도 여성임을 잊지 않고 관리하며 살아간다.

프랑스는 늘어나는 노인들을 위한 제도나 시스템이 다양하다. 그들의 일상생활을 도와주기 위해 복지사나 봉사자들이 주기적으로 방문하여 마켓도 같이 가고 산책하고 취미생활도 함께한다. 조금 부유한 노인들은 자신과 식사를 같이해 주고 대화를 해 줄 젊은 학생에게 자신이 가지고 있는 집 중 하나를 무료로 임대하는 경우도 있다. 더구나 프랑스에서는 노인들을 위한 '비아제VIAGER'라는 특이한 제도가 있다. 예를 들어, 소정의 계약금과 연금식의 월세를 받는 조건으로 집을 구매한 자에게 소유권을 양도하지만, 집을 판매한 노인은 사망할 때까지 거주할 수 있다. 즉, 그 구매자는 비교적 저렴한 가격으로 집을 구입하였으나 노인이 사망할 때까지 그 집에서 거주하거나 재판매를 할 수 없다. 하지만 아이러니하게도 노인이 일찍 돌아가신다면 더 이상 월세를 지불할 필요도 없이 싼값에 주택을 구매하게 되는 행운을 얻게 되기 때문에, 이를 영화화한 '르비아제LE VIAGER'처럼 노인이 돌아가시길을 빌 수밖에 없는 딜레마에 빠지게 되는 제도이다. 현대에 젊은이들이 집을 구매한다는 것이 참으로 힘든 일이라 비아제라는 이 제도를 많이 이용한다는데, 이는 웃지 못할 쓸쓸할 이야기인 것 같다.

프랑스인과
한국인이 비슷하다?

어릴 적에는 노란 머리와 파란 눈의 사람이 지나가면 '미국 사람이다' 하며 신기해한 적이 있었다. 서양 사람들은 모두 '미국 사람'이라는 명칭으로 통하던 시절이 있었는데, 미국 유학시절에 미국 사람은 유럽 사람들과 꽤 다르다는 것을 알게 되었다. 반면 파리에 와 살다 보니 유럽 사람들은 미국인들과는 판이하고, 유럽 사람들 사이에서는 영국인, 프랑스인, 독일인, 이탈리아인, 스페인인, 그리스인 모두가 사고와 문화, 습관이 매우 다르다는 것을 깨닫게 되었다. 드디어 '미국 사람'이라고만 생각해 왔던 서양인들을 이제는 국가, 민족별로 구분할 수 있게 된 것이다.

또한, 그들이 서로 다르다는 것 외에 우리가 가지고 있던 선입견 또한 틀렸다는 것도 알게 되었다. 예를 들어, 우리는 프랑스인들은 무척이나 자유분방하고 자신의 의견을 당당하게 표현하며 그들이 원하는 대로 행동한다고 생각한다. 그런데 프랑스인들은 그렇지 않다. 오히려 우리보다 더 보수적이고 고지식하다고 할 수 있다. 막연히 파리에 와서 프랑스인들이 그렇다는 것을 느끼고 있었는데, '문화   간(間) 마케팅INTERCULTURAL MARKETING' 수업시간에 확실히 그들이 우리보다 더욱 보수적이고 권위에 약하다는 것을 알게 되었다. 예를 들어, 홉스테드HOFSTEDE 교수에 의하면 문화적 차이를 측정하는 5가지 척도가 있는데, 이 중 파워디스턴스 POWER DISTANCE*는 국민들이 얼마나 권위적인지, 권위에 순응적인지를 나타낸다. 쉽게 표현하자면, 이 숫자가 높을수록 '리더가 일을 시킬 때 이에 대한 합리적인 이유를 제공하지 않아도 순응하며 일을 처리한다'는 의미가 된다.

Power Distance by Country

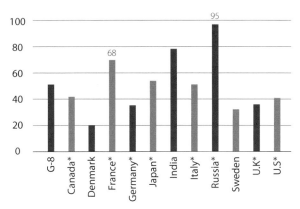

출처: http://gbr.pepperdine.edu/wp-content/uploads/2010/06/pd.gif

* 프랑스 68, 러시아 95. 숫자의 의미는 숫자가 높을수록 '리더가 일을 시킬 때 합리적인 이유를 제공하지 않아도 순응한다는 것'이다.

곧, 업무나 지시가 주어질 때 이에 대한 이유를 묻지 않고 따른다는 것이다. 그런데 이 숫자가 우리나라보다 높게 나온다. 프랑스 68, 한국 60, 스웨덴 31, 독일 35, 영국 35, 이탈리아 50, 일본 54, 러시아 95, 미국 40, 중국 80이다. 여기서 대통령의 권력이 가장 강한 나라 중 하나가 프랑스이고, 공권력 또한 어느 나라보다 강하다. 공무원은 물론 학교 선생님들 또한 무척이나 권위적이다. 미국이나 영국과 달리 프랑스 학교에는 많은 규율이 있고, 이에 잘 순응하도록 교육을 받고 있다. 가정에서도 워낙 순종하도록 교육을 받기 때문에 학부모들도 학교의 이러한 분위기를 잘 수용하고 있다. 예를 들어, 미국이나 영국 교육은 학생들을 항상 격려 ENCOURAGE하고 칭찬하며 자신감을 북돋우는 분위기인 반면, 프랑스는 지시하고 질책하고 규율을 지키도록 항상 모니터링하는 것이 특징이다. 미국과 달리 공공장소에서도 아이들에 대한 체벌이 허용되어 아이들이 매우 순종적이다.

그래서 수업분위기도 많이 다르다. 영국이나 미국은 자유로운 토론을 중시하고 질의응답이 많다. 또한, 어떠한 질문이 나와도 극도의 칭찬을 하고, 격려하다 보니 학생들이 뜬구름 잡는 질문을 하며 수업 분위기를 해칠 때도 있다. 반면 프랑스에

서는 영·미국식에 비해 주입식이 많은 편이며 선생님께 질문을 비교적 하지 못하는 분위기이다. 또한 노트 정리며, 수업시간의 태도 등이 매우 중요시된다. 그래서 미국에서 온 학생들과 학교 간의 불화가 있는 경우가 종종 있다.

시험성적을 주는 기준도 다르다. 미국이나 영국은 아이들의 기를 살려 주기 위해 100점 만점에 90점 이상을 주는 것이 다수인데, 프랑스는 보통 60점 정도를 받으면 학급에서 우수한 학생으로 통한다. 예를 들어, 10점 만점에 반 평균은 4점 이하인 경우가 많다. 또 다른 예로, 딸아이 친구 엄마 중 프랑스인이 있었는데, 프랑스에서 교육을 받고 지금은 미국에서 남편과 대학교수를 하고 있는 분이다. 그 엄마의 말을 빌리자면, 자신이 프랑스에서 교육을 받았기 때문에 자신감이 부족하다는 것을 미국에서 생활하면서 지속적으로 느낀다고 한다. 프랑스 교육은 격려보다는 지적하고 질책하는 경우가 많으며 규율에 순응하는 사람을 선호한다. 그러면서 오히려 영국 혹은 미국식 교육은 아이들을 쉽게 망칠 수 있다며 그들의 방식을 정당화하기도 하다.

세일 ^{SOLDES} 도가니!

파리 시내가 세일 도가니에 빠졌다. 1년에 두 번(1월, 6월) 있는 세일 기간에는 유명 백화점은 물론, 몽테뉴 거리의 글로벌 명품 브랜드 매장, 까르푸를 중심으로 한 할인점, 모노프리와 같은 네이버 마켓, 가구점, 자라^{ZARA} 같은 내셔널 브랜드 로드숍, 하다못해 동네 작은 신발가게도 'SOLDES' 포스터를 붙여 놓고는 손님을 기다린다.

세일 첫날 아침 8시부터 백화점 및 브랜드 숍, 할인점, 네이버 마켓, 로드숍, 동네 편집매장 등에서 평상시 눈여겨보았던 상품을 세일된 가격으로 구매하기 위해서는 사전에 철저한 준비를 해야 한다. 예를 들어, 세일 1~2주일 전부터 매장을 돌아보며 구매하고자 하는 품목을 정리하고 구매 우선순위에 따라 세일 첫날 아침 8시부터 이동할 동선을 짜야만 원하는 품목을 손에 넣을 수 있다. 그렇지 않으면 자칫하다가는 원하는 사이즈나 색상이 없거나 아예 완전 소진되어 영영 구매를 못 할 지경에까지 이르게 된다.

한 예로 몽테뉴 명품 로드숍을 먼저 가서 2시간 줄을 설지, 아님 백화점 브랜드별 숍에서 줄을 설지, 네이버 마켓인 모노프리에 가서 8시부터 10시까지 세일가격에다 20%씩 추가 디스카운트하는 행사를 즐길 것인지 여러모로 고민하고 계획을 잡아야 한다. 이렇게 깊은 고민에 빠지게 하는 이유는 우선, 소위 명품이라고 하는 것을 운이 좋으면 50%까지 세일된 가격으로 구매할 수 있다는 것이다. 물론, 샤넬이나 루이뷔통 등은 노세일 브랜드이니 불가능하지만, 그 외 브랜드에서는 하다못해 지갑이라도 비교적 저렴하게 구할 수 있다는 장점이 있다. 또한 평상시에는 판매가격이 비교적 높게 책정되어 있어 정상가로 구매를 하는 것보다 세일 때마다 구매를 해 놓는 구매 패턴이 생긴 것 같다. 세일폭은 작게는 30%부터 최고 70%까지 가능하며 이러한 세일은 보통 한 달 동안 지속되고 1주일이 지날 때마다 남은 상품들은 점점 세일폭이 커진다. 1주일이 지날 때마다 30% 세일하던 상품은 50% 세일, 50% 세일하던 품목은 70%, 70% 세일하던 품목은 균일가로 전락하기 때문에 매번 세일 장소를 돌아봐야만 할 거 같은 유혹을 뿌리칠 수 없다. 그런데 이러한 세일 분위기도 3년 전 파리에 와서 느꼈던 것과는 많이 달라졌다.

TOUT

L'HABILLEMENT SOLDÉ* EST À

-50%

DÈS LE 1ER JOUR

À

SOLDES

...ts signalés en magasin

Carrefour

작은 개인 매장이든 대형 백화점이든 상관없이 강력한 제한을 받던 세일 기간에 대한 규제가 다소 완화되면서 2년 전부터는 그 기간이 아니더라도 세일하는 곳도 많아지고 정식 세일 기간보다 먼저 세일을 하는 매장도 생겼다. 그래서 내가 처음 파리에 와서 느끼던 세일 도가니 분위기와는 사뭇 달라지고 있다. 특히 달라진 점은 유명 대형 백화점에서 세일을 즐기기 위해 새벽같이 나선 사람들은 파리지엥들이 아니라 단체 관광 버스를 이용한 관광객들이라는 것이다. 브랜드 매장마다 길게 늘어진 줄에서는 거의 아시안 관광객들이 많다. 이는 유럽의 신新 풍속도인가

보다. 한 예로, 런던은 12월 말부터 세일 기간이다. 그런데 그때 헤롯 백화점을 방문한 친구가 전해 준 이야기에 의하면, 백화점 내 우리가 생각하는 영국 백인은 찾아보기 힘들고 유색인종만 가득했으며 더욱 황당한 것은 응대하는 점원들이 영어를 잘 못한다는 점이었다고 한다. 세일을 위해 파견된 아르바이트생인 거 같은데 영어는 못하고 아랍어나 다른 언어만 해서 당황했다고 한다. '영국에서 영어가 통하지 않는다'는 것 등이 최근 유럽의 현실을 반영하는 것이라 생각된다.

파리시내 유명백화점의
굳게 닫혀 있는 화장실 문.
화장실 안내 표시도 없을 뿐 아니라,
이용을 하려면 안내데스크에서
구입 영수증을 보여주고
코인Coin을 받아
손잡이에 넣어 주어야
화장실 문을 열 수 있다.

유명 백화점 화장실
사용료가 2유로

파리에서 '화장실'은 나에게 특별한 추억을 많이 만들어 주었다.

우선, 가장 잊을 수 없는 추억 중 하나는 쁘렝땅^{PRINTEMPS} 백화점에서 화장실 사용료를 2유로 낸 것이다. 파리에 온 지 얼마 안 되어 백화점을 쇼핑하고 있다가 화장실을 찾는데, 겨우 찾은 화장실에는 사용료를 받는 사람이 두 사람이나 앉아 있었다. 사용료 2유로를 내야 한다고 하기에 급한 마음에 2유로를 지불하고 볼일을 보고 나오는데 속이 어찌나 쓰리고 맘이 아프던지. 옛말에 '화장실 들어갈 때와 나올 때가 다르다'는 의미를 이해할 수 있었다. 그 당시 환율이 2,000원이었으니 화장실 사용료를, 그것도 파리 시내 유명백화점에서 장장 4,000원을 주었던 것이다. 이렇듯 프랑스인들은 화장실 문화에 인색하다.

나이가 들수록 물을 많이 마셔야 됨에도 불구하고, 화장실 가기가 힘들어 파리에 와 살며 평소에는 물을 잘 마시지 않게 되었다던 한국 아주머니 얘기가 살면서 계속 귀에 맴돈다. 맥도날드에서도 화장실을 가려면 상품을 주문하고 받은 영수증에 프린트되어 있는 화장실 도어락 번호를 참조해야 한다. 급할 때는 매장 내 식사 중인 사람에게 도어락 번호를 알려 달라며 간청도 해야 된다.

파리 어느 카페를 가더라도 화장실은 대부분 지하에 위치해 있다. 나름 백 년이 넘은 저택(지금은 박물관이 된 곳도 많다)에도 화장실은 항상 지하 끝부분에 위치해 있어 낯선 사람은 찾기가 무척 어렵다. 우리나라도 화장실과 처가는 멀수록 좋다고 하는 옛말이 있기는 하지만, 프랑스도 화장실에 대해서는 꽤 터부시하는 것이 보인다. 예를 들어, 베르사유에는 화장실이 없었다는 얘기, 그래서 '대소변 금지'라는 뜻의 '에티켓'이라는 말이 생겨났다는 이야기, 에티켓을 지키지 않아 거리에 가득한 대변들을 피하기 위해 하이힐이 생겼다는 별별 속설이 있는 걸 보면 화장실을 터부시하는 것이 맞는 것 같다.

파리의 화장실은 남녀 공용이 많다. 맥도날드도 그렇고, 카페의 화장실도 그렇고, 대학교 화장실도 주로 남녀공용이다. 그래서 학교에 다니면서 불편했던 것 중의 하나가 화장실 문제였다. 남편도 아니고 다른 남자와 화장실을 같이 사용해야 하다니 정말 민망했다. 내가 볼일을 본 화장실을 클래스메이트인 남학생이 열고 다시 들어가는 것을 보면 꽤 불편함을 느끼게 된다.

이러한 남녀 공용 사용 분위기 때문인지 멋진 레스토랑의 화장실 또는 박물관에서 황당한 경험도 했다. 엄연히 남녀 화장실이 구분되어 있음에도 불구하고 때때로 남자들이 여자화장실로 불쑥 들어와 사용을 하는 경우이다. 습관적으로 남자나 여자 모두 가리지 않고 화장실을 이용하는 것 같다.

여튼 파리에서의 화장실 사용은 꽤 불편하다. 하지만 궁여지책이라고 이젠 화장실에 대한 삶의 지혜가 생겼다. 길을 가다가도 화장실에 가고 싶으면 노천카페에 앉아 있던 손님인 양 카페 안으로 들어가면, 자연스럽게 화장실 안내를 해 준다. 당당한 모습으로 들어가면서 약간만 두리번거려 주면 이제 화장실 문제는 오케이!

이들의 교육 방식
생각하는 교육!

파리에서 나에게 주어진 시간은 많은 생각을 할 수 있는 여유를 주었다. 그러면서 내가 느낀 것은 난 어려서부터 '생각하는 교육'을 받지 못한 것 같다는 점이다. 오직 '단기 암기력'에만 매달려 여지껏 잘 견뎌 왔건만, 이제 나이가 드니 그것마저 바닥이 나서 난감하다. 특히, MBA 과정에서 더욱 뼈저리게 "난, '생각하는 힘'이 없구나" 하고 자책을 하게 된다. 교수가 질문을 던진다. 나는 "응, 동의해YES, I AGREE" 하고 대답을 한다. 교수는 "왜WHY?", 난 다시 "왜냐하면BECAUSE"까지는 대답을 한다. 하지만 교수는 거기에 머물지 않고 또 묻는다. "왜 그렇게 생각하지WHY THINK SO?" 그럼 나는 머뭇거리며 겨우 대답을 하지만 정확한 답은 아니다. 교수는 또 멈추지 않고 묻는다. 이렇게 4단계 이상 내려가면 난 느낀다. 내가 영어를 못하는 것이 아니라 '아는 것이 없고, 콘텐츠가 부족하고 생각이 없구나' 하고…. 맞다. 여지 껏 숙제를 하더라도 '왜'라는 의문을 가지고 접근해서 내 생각과 가치관을 담아내는 것이 아니라, 요약하고 정리하고 칸을 채우는 것에만 매달려 왔다. 단시간에 많은 것을 외워 해치우는 것이 필요했고 그것을 시험 직전까지 악착같이 간직했다가 답안지 채운 후 잊어버려도 별 어려움 없이 살 수 있었다. 뭔가를 생각하라면 귀찮고 싫었다.

미술관에서 그림을 접할 때도 그 그림의 작가, 이름, 연도만을 머릿속에 간직하며 지나간다. 그리고 얼마나 많은 그림을 보고, 그것에 대한 핵심 정보를 내 머릿속에 입력하는지가 더 중요했다. 지금 생각하면 그 그림이 왜 그려졌고, 그 그림의 시대적·역사적 배경은 어떠하고, 작가는 무엇을 나타내고 싶었는지를 이해해야 하는데, 난 그림의 수와 그것에 대한 요약 정보를 안다는 것만으로 마스터했다는 뿌듯함을 느꼈다.

딸아이가 파리에 와서 역사시간에 '프랑스 혁명'에 대해서만 3개월 내내 수업을 했다. 우리나라에서라면 한두 시간이면 끝날 것을 3개월 내내 배우는 것이 이상했다. 한국에서는 발생연도, 원인, 경과, 결과, 가끔은 의의까지 요약하면 끝인 것을 3개월 동안 무엇을 하는지 궁금했다. 그런데 딸아이의 경우, 3개월 내내 배운 후 나온 과제는 '당시의 신문기자가 되어 국민들을 계몽할 만한 기사를 적는 것'이었다. 그러려면 그 당시의 시대적인 배경과 원인, 제반문제점, 개선안 등을 자세히 언급해야 한다. 예를 들어, 세금제도의 모순, 계급 간의 갈등 원인, 지배층의 비리 등등 제반 문제를 파헤칠 뿐 아니라 나아가 대안을 제시하고 국민들을 설득할 자신만의 철학과 주장을 담아 기사를 적어야 한다. 정말 생각을 요할 뿐 아니라 자신이 아는 지식과 주관을 종합화하는 능력을 요구하는 과제였다. 이것이 이들의 교육이다. 그래서 여기 와서 아이에게 자주 하는 말은 "생각을 해, 생각을. 생각하는 힘만 있으면 무엇이든 해낼 수 있어"이다.

반면, MBA 수업 중 내가 가장 싫어하는 방식은 사전에 읽을거리를 주지도 않고 수업시간에 간략히 말로 사례를 설명하고 요약된 프린트물을 주면서 팀별로 토론을 시키는 것이다. 영어가 짧은 나로서는 죽음의 수업과도 같다. 반대로 내가 선호하는 수업 방식은 수업 전 읽을거리를 주어 사전에 수업 준비를 할 수 있고 학생에게 절대 질문하지 않고 일방적으로 교수님 혼자 하는 강의식 수업이다. '갈등과 논쟁 해결CONFLICT & DISPUTE RESOLUTION'이라는 수업이 있었다. 협상을 어떻게 하면 잘할 수 있는가를 배울 수 있는 과목이었다. 과목명도 생소했는데, 수업에 들어가니 교수는 내가 가장 싫어하는 방식으로 시작했다. 수업시간에 바로 사례 설명과 간략한 자료를 주고, 비디오 한 편을 보여 주더니 팀을 나누어 토론을 하라고 한다. 하루하고도 반 동안 팀별로 마라톤 토론을 진행했다. 2시간 토론한 후, 1시간 협상하고, 협상한 내용을 다시 2시간 토론하고 1시간 협상. 사전에 교수가 협상법, 협상에 관한 이론, 기타 등등 사전에 알려 주는 것 없이 바로 토론하고 협상을 하라는데 정말 황당했다. 맨 땅의 헤딩도 이런 헤딩이 없을 것이며 나처럼 영어가 약한 학생에게는 정말로 고통스러운 시간이었다. 아이들이 주고받는 이야기도 이해가 어렵고 적정할 때 끼어들어 내 의견을 한 마디라도 전달해야 체면이 서는데 학생들의 협상내용은 더욱더 오리무중으로 빠져갔다. 그런데 정말 신기한 것이 '산으로 갈 것만 같던 배가 수업을 마칠 때 즈음에는 정말 각 필요한 논제를 차근차근 밟아 가며 협상을 하고 있는 것 아닌가? 교수님이 아무것도 가르쳐 주지 않고 바로 시작한 토론과 협상, 방법도 방향도 모른 채 시작을 했지만, 그러한 시행착오 속에서 질서를 스스로 찾은 것이다. 이런 것이 제대로 된 교육이 아니었나 싶다. 26년 전에 이 강의를 시작했다는 교수님. 스스로 답을 찾도록 해 준 것이다. 그래서 다시 한번 느꼈다. 이들의 근거 없는 자신감은 이런 과정을 스스로 견뎌 오면서 해결책에 대한 두려움이 없는 것에서 나온 것이 아닌가 하고….

"제발(S.V.P.=S'il vous plaît), 식권을 얻기 위해 작은 도움이 필요합니다! 고맙습니다(Merci)!"라고 적혀 있는 어느 걸인의 푯말

걸인도 하나의 직업?

남편이 담배를 피우면서 거리를 걸으면 행색이 남루한 사람(남녀 상관없이)이 와서는 담배 한 개비를 요구한다. 그래서 담배 한 개비를 건네주면 커피가 마시고 싶으니 2유로만 달라고 한다. 어찌나 황당한지…. 그런데 이러한 일은 파리에서 흔한 일이다.

파리에는 걸인들이 참 많다. 남녀노소 할 것 없이 다양하게 많다. 갓난아이를 안고 있는 엄마 걸인, 배낭족 같은 젊은 남자 또는 여자 걸인, 강아지를 두세 마리씩 데리고 있는 아저씨 걸인, 할머니 걸인, 수염이 긴 할아버지 걸인. 아침부터 저녁까지 있다가 퇴근하고 다음 날 아침에 다시 나오는 걸인. 거리 곳곳 작은 푯말에 '배가 고프다J'AI FAIM. SVP……'라고 적어 놓고는 하루 종일, 그리고 몇 달씩 같은 장소에 앉아 있는 걸인들이 많아 같은 곳을 수시로 다니다 보면 어떤 장소에 어떤 걸인이 있는지를 다 알게 된다. 특히, 그들은 주로 슈퍼마켓이나 빵집, 과일가게 앞에서 일(?)을 한다. 파리에 와서 눈에 많이 띄는 그들의 모습에 놀라기도 했지만, 더욱 놀라운 일은 빵집에서 바게트를 사러 온 신사와 걸인이 서로 악수를 하며 '안녕, 잘 지내지(봉쥬르. 싸바)?' 하고 서로를 반갑게 맞이하는 모습이었다. 또한, 할머니 손을 잡고 슈퍼에 온 어린아이들도 그들에게 눈을 마주치며 인사를 하고 할머니가 건네준 동전을 그들에게 전달하며 기뻐하는 모습도 나에게는 생소했다. 물론 하루에도 몇 번씩 바게트를 사러 가다 보면 그들과 친해질 수 있겠다 싶지만, 우리의 정서로 보면 다소 어색하기도 하고 이해가 되지 않기도 하다. 더구나 우리나라의 경우라면 영업 중인 상점 앞에 그러한 걸인이 있으면 아마도 상점 주인이 그냥 있지 않을 듯싶다. 우리 동네 맥도날드 앞에는 항상 할머니 걸인이 계셨다. 엄동설한에도 자신의 이불을 둘둘 감아 노상에서 그냥 잠도 주무시는 그 할머니는 어느 정도 벌이가 되면 맥도날드에 들어와 모닝커피를 마시기 위해 자신이 번 잔돈을 계산대 앞에 당당하게 펼쳐 보인다. 그리고 그곳에 앉아서 커피를 즐긴다. 이렇듯 파리의 걸인들은 당당하다. 어느 책에 의하면 프랑스 사람들은 가난은 자신이 아닌 정부의 탓이라고 생각한다고 한다. 모순된 사회적 구조에 의해, 그리고 정부의 잘못된 부재분배정책에 의해 자신들이 가난할 수밖에 없다고 생각하기 때문인 것 같다.

무다리와
바게트다리

어느 날 학교에서 돌아온 딸아이가 불평을 한다. "내 다리는 무다리인데, 프랑스 친구들은 바게트다리야!" 순간 그 표현이 얼마나 적절한지 뇌리에 꽉 박혔다. 그 후 길에 다니면서 프랑스 여자들을 보면 '정말 다리가 바게트처럼 길고 가늘다' 하며 부러워하게 되었다.

프랑스 여자들은 날씬하다. 북유럽 여자들처럼 키도 크고 어깨도 넓은 부담스러운 체형도 아니고 좁은 어깨에 적당히 조금 큰 키, 긴 팔과 다리 등 무엇을 걸치고 입어도 잘 어울리는 체형이다. 프랑스 여자들 못지않게 남자들 또한 기다란 팔과 다리로 인해 프랑스 웬만한 남자들은 우리나라 여느 연예인 못지않다. 이들의 긴 팔과 다리 때문에 한국 사람들은 이곳에서 옷을 사기도 힘들다. 옷을 사면 기장을 꼭 줄여야 하기 때문이다. 또한, 남성 정장도 상하가 한 사이즈가 아니라 바지가 재킷보다 2단위 작게 매치되어 판매된다. 예를 들어, 정장 1벌을 사려는데, 재킷은 54사이즈, 바지는 52 사이즈로 세트를 만들어 놓았다. 고로 이들은 하위를 상위보다 작게 입을 수 있을 정도로 날씬하다는 이야기이다.

1990년 헬스HEALTH지의 미국인 기자 에드워드EDWARD DOLNICK가 만들어낸 프렌치 파라독스FRENCH PARADOX라는 용어는 프랑스인들이 고지방과 고콜레스테롤 식사를 함에도 불구하고 심장계질환에 의한 사망률이나 비만율이 미국인들보다 훨씬 낮다는 점을 비유한 말이다. 치즈, 초콜릿, 와인, 그리고 적어도 3가지 코스로 먹는 식사 등을 감안해 보면 그들이 살이 안 찌는 것은 분명 프렌치 패러독스이다. 하지만 지난 3년간 지켜본 결과 패러독스는 아닌 듯하다. 프랑스인들이 날씬한 데는 몇 가지 이유가 있다.

첫째, 프랑스인들은 일단 먹는 양이 비교적 적고, 치즈, 싱싱한 채소, 과일 등 건강식으로 먹는다. 결과적으로 프렌치 파라독스가 아니라 적게 먹기 때문에 날씬하다. 불어로 아침 식사를 쁘띠데쥬네PETIT DEJEUNER라고 하는데 이는 '작은 점심'이라는 뜻이다. 그래서 아침식사도 그 이름에 맞게 무척 간단하다. 카페오레와 크로와상, 혹은 바게트 1/4쪽. 혹은 요거트와 시리얼, 또는 식빵(브리오슈)과 각종 잼 등으로 간단히 때우는 식이다. 저녁 또한 간단하다. 메밀로 만든 크레페인 갈레트에 잼을 발라 먹거나 햄, 치즈 등을 넣어 구워 먹는다. 또는 수프로 때울 때도 많고 생선을 쪄서 간단한 소스나 라따뚜이를 얹어 먹는다. 물론, 전식(앙트레), 본식(쁠라), 디저트로 나누어 먹기 때문에 마지막에는 디저트로 치즈를 먹는다. 이때 먹는 치즈는 소화효소를 듬뿍 담고 있어 소화를 돕는 데 큰 역할을 할 뿐만 아니라 다이어트에도 큰 도움이 된다.

둘째, 프랑스인들은 군것질을 하지 않는다. 보통 오후 4시에 '구떼GOUTER'라고 해서 간단한 간식을 먹을 뿐, 야식 혹은 카우치 포테이토처럼 TV 등을 보면서 군것질을 하지 않는다. 4시에 먹는 이유는 저녁에 폭식하지 않기 위한 배고픔을 잠재우는 수단이다. 프랑스에서는 빵이 주식이다. 그래서 이는 간식거리가 되지 않는다. 처음 파리에 와서 마땅히 할 군것질거리가 없어 심심해하거나 밤이면 왠지 허전한 느낌이 많이 들면서 한국의 양념통닭을 무척 그리워했던 것 같다.

셋째, 아주 단 디저트는 먹되 평상시에는 설탕이 가미된 음식을 먹지 않는다. 사실 프랑스 요리에는 설탕이 거의 사용되지 않는다. 소스를 만들 때 꿀을 사용하는 경우가 있긴 하지만, 요리에 있어 짠맛과 단맛을 완전히 분리하여 디저트를 통해서만 단맛을 음미한다. 그래서 프랑스인들은 한식코스 중 전식으로 '단호박죽'이 나오면 매우 당황한다고 한다. 요리 코스 처음부터 단맛을 느껴야 하니 당연한 일인 듯싶다. 특히 탕수육의 새콤달콤 짭짤한 맛은 더욱 이해를 못 한다. 섞어 먹는 것에 대해 심한 거부감이 있어 그렇게 맛이 섞이는 것을 이상하게 생각한다.

▲ 맥도날드에서 제안하는 아침식사_쁘띠 데 쥬네Petit-Déjeuner 안내문

▼ 칼로리 소모량을 높여 배를 쏘옥 들어가게Ventre Plat 한다는 다이어트 약

넷째, 프랑스인들은 다이어트에 대한 관심이 높다. 살이 찌는 것에 매우 예민하다. 항상 자신들을 가꾸는 것에 신경을 많이 쓰기 때문에 날씬하고자 노력을 많이 한다. 한 예로 시중에는 다이어트를 위한 다양한 제품들을 매우 손쉽게 찾을 수 있다. 동네 슈퍼마켓이나 약국에 가면 다이어트 물, 다이어트 약, 다이어트하는 사람이 먹는 소금, 다이어트 차, 바르는 다이어트 크림, 입는 다이어트 언더웨어 등등 너무도 다양해서 무엇을 어떻게 선택을 해야 할지 복잡할 정도다. 특히, 다이어트 물은 중·고등 여학생들의 필수품인데, 이 물을 생후 1년 미만의 어린아이가 마시면 며칠간 설사를 할 정도로 신진대사를 돕는다고 한다. 다이어트 약은 남녀별로, 나이별로, 증상별로, 방법별로 다양하다. 예를 들어, '45+'라고 적혀 있으면 45세 이상이 먹는 다이어트 약이다. 여기에 '지방연소BRULE LES GRAISSES가 필요한지, 공복감 감소LIMITE LA SENSATION DE FAIM가 필요한지, 칼로리 소모량을 높여 '배를 쏘옥 들어가게VENTRE PLAT', 혹은 '노폐물 제거'가 필요한지에 따라 쓰임이 다르다. 샤워할 때 마사지를 통해 살을 빼는 보디샴푸와 크림 등도 브랜드별로 여러 가지이다. 4월부터는 그 종류가 더 다양해져 여름을 준비하는 아이템 중 하나가 된다.

다섯째, 날씬한 비법 중 하나는 흡연이다. 길거리에 마구 버려진 담배꽁초를 보면 알 수 있듯이 흡연율이 무척이나 높다. 2011년 건물 내에서 흡연을 금지하는 법이 시행되었음에도 불구하고 흡연율은 계속 증가하고 있다고 한다. 유모차를 몰면서도 담배를 피우는 엄마, 초등학교 앞에서 아이를 기다리며 흡연하는 엄마, 중·고등학교 교문 앞에서 담배를 피우는 여선생님들. 파리에서 볼 수 있는 아주 흔한 광경이다. 그런데 이러한 흡연의 주요 이유가 체중 감소를 위해서라고 한다.

마지막으로 프랑스인들이 날씬한 이유로 빼놓을 수 없는 것은 '와인'의 역할이다. 중국인들이 기름진 음식을 먹고도 살이 찌지 않는 이유가 '차TEA'를 마시기 때문인 것처럼 와인에 있는 '타닌' 성분이 살찌는 것을 방지한다. 실제로 프랑스인들이 미국, 영국인들에 비해 유독 심장병에 덜 걸리는 이유가 레드 와인에 있다는 연구결과 발표가 있었고, 프랑스에서도 특히 툴루즈 지방의 사람들이 와인을 더 많이 마시기 때문에 발병률이 평균 프랑스인들보다도 낮다는 이야기는 레드 와인의 타닌, 즉 폴리페놀 성분의 영향이 있음을 증명해 준다.

프랑스 여자들이 어린아이부터 노인층까지 날씬한 이유는 그들이 외모에 대해 꾸준히 신경을 쓰고 관리하기 때문이다. 그래서 소식小食을 하고 담배를 피우고 다이어트 약을 먹는다. 들리는 얘기에 의하면 언제든 멋진 새로운 파트너가 나타나기를 기다리는 기대로 자신을 가꾼다고 하는데, 이유야 어찌됐든 자신을 끊임없이 관리하고 아름다움을 추구해 가는 노력은 본받을 만한 것 같다.

Ça dépend^{싸데빵} 문화
되는 것도
안 되는 것도
없는 나라

난 프랭클린다이어리를 무척 좋아한다. 왜냐하면 시간별, 일자별, 월별, 연간 계획을 세울 수 있고 이에 맞추어 나를 컨트롤할 수 있다는 자기만족감을 주기 때문이다. 바로 '시간을 알차게 사용했구나' 하는 작은 성취감을 주기 때문에 꽤 오래 전부터 사용하고 있다. 한국에서는 하루 일과도 빽빽하게 정리하고 시간대별 계획이 항상 잡혀 있었는데, 파리에 와서는 나의 하루 일과 적는 칸에 겨우 한두 개 정도의 일정만 적혀 있다. 더구나 하루를 마친 후 완성된 일에 대해 체크를 하고자하면 모두 다 마무리 못 하거나, 아니면 하나 정도만 겨우 해결한 경우가 태반이다. 그래서 파리에 와서 느낀 것 중의 하나가 '프랑스에서는 하루에 한 가지 일도 마무리하기 힘들다'라는 점이다.

실례로 파리에 와서 이사를 한 후 다시 인터넷을 개통하는 데 2개월이 소요되었다. 이사 전부터 인터넷 개통을 하려고 통신사와 끊임없이 전화와 메일과 방문 요청을 했음에도 불구하고 이런저런 사정이 생기면서 꼬박 2개월이 걸렸다. 이러한 문제가한 번 걸리면 그것이 해결될 때까지는 '하루에 한 가지 일만' 하게 된다. 오직 인터넷 개통이라는 목표만을 가지고 지속적으로 연락하고 때때로 담당자가 바뀌면(인수인계를 하지 않고 갑자기 휴가를 가 버리는 경우도 많아서) 처음부터 다시 설명해야 하고 통신사 방문시간을 조정하는 등등의 문제를 모두 해결해야 한다.

어느 날은 아침부터 일찍 체류증 변경을 위해 서둘렀다. 체류증 변경을 위해 사전에 여러 사람들에게 조언을 듣고 관련 사이트를 검색하여 어디로 가야 하는지 판단하고 집을 나섰다. 아니나 다를까 해당 장소에 가서 내가 처한 상황을 설명하자 이곳이 아니고 14구 cite섬에 있는 씨떼유니베르시떼CITE UNIVERSITE의 외국인학생 전용으로 가라고 한다. 지하철역으로는 종점에서 종점인 거리인데, 그래도 급히 서둘러 가니 그곳에서는 본인들 담당이 아니라며 '외무성'에 다시 문의를 하라고 한다.

이렇듯 파리에는 명확한 것이 없다. 관련 사이트에 들어가 상황별로 체크를 하고 검토해 보아도 그곳에서 제공하는 내용은 아주 단편인 것이고 결국에는 전화나 편지로 문의를 하라고 되어 있다. 체류증 변경을 위해 과거 경험 있던 한국인들에게 문의를 해도 사람마다 다르고 상황마다 다르고 또한 그것을 처리해 주는 프랑스 공무원에 따라 결과가 다르다. 즉, 어떤 상황에서는 해결이 쉽게 나고 또 어떤 상황에서는 되던 일도 안 되는 경우가 있다. 이러한 것을 프랑스에서는 '싸데빵CA DÉPEND 즉, '상황에 따라 다르다'라는 뜻'이라고 표현한다.

또 한 예로 남편이 파리에 와서 휴대전화를 개통하는데 전기세 납부 영수증 등의 집주거 증명서가 있어야 함에도 불구하고 얼떨결에 집 계약도 하기 전에 휴대전화를 개통하게 되었다. 통신사 직원이 그러한 증명서가 없이도 개통을 해 준 것이다. 그래서 3일 후에 같은 처지에 있는 후배를 데리고 가서 개통하려고 하니 그때 응대했던 같은 직원이었는데도 불구하고 개통을 할 수 없었다고 한다. 이처럼 같은 사람이라도 때와 장소에 따라, 심하게 표현하자면 기분에 따라서도 일이 다르게 처리될 수 있는 곳이 프랑스이다.

하지만 원래 '싸데빵'의 의미는 긍정적인 면에서 사용되었다고 한다. 정말 사정이 어렵고 딱한 사람의 경우, 원칙만을 고집하지 않고 사정에 따라 융통성을 발휘하여 도와주는 차원을 뜻하는데, 외국인으로 사는 우리에게는 원칙도 없고 일관성도 없어 보이는 매우 불편한 의미의 단어이다.

날씨의 탓도 있긴 하지만, 어떠한 문제를 하나 해결하려면 너무도 오랜 시간이 걸리고 많은 에너지가 소요되기 때문에 파리에서의 내 다이어리에는 하루에 1~2가지의 목표만 적혀 있다.

불어를 사랑해?

어느 날 아파트 엘리베이터 안에서 프랑스인이 불어로 나에게 '몇 시냐'라고 물었다. 그런데 그때 나는 못 알아들어 어리둥절해하고 있는데 다시 영어로 되물으며 하는 말이 '파리에 살면서 왜 불어를 배우지 않느냐'며 엘리베이터를 내리는데, 창피하기도 하면서 기분도 많이 언짢았다. 그런데 그 후 이런 경험이, 즉 프랑스에 있으면서 불어는 왜 배우지 않느냐는 질문을 받는 경험이 몇 번 있었다. 물론 열심히 배우러 다니긴 했는데, 나의 불어 발음을 잘 알아듣지 못하는 프랑스인들 때문에 위축이 되어 가능하면 영어를 사용하려고 한다. 여하튼 그들의 불어에 대한 자존심이 가끔 내 자존감을 격하시키는 경우가 있는데 이는 프랑스에서 가지게 된 나의 나쁜 기억 중 하나이다.

소위 프랑스인들은 모국어에 대한 자부심이 강해서 영어로 물으면 알아들어도 못 들은 척한다는 얘기가 있다. 그런데 지난 3년의 시간을 돌아보면 못 들은 척하는 것이 아니라 사실 영어를 다른 유럽 국가 사람들에 비해 잘 못한다. 영어를 잘 못하기 때문에 피하거나 제대로 대응을 못한다. 그래도 10여 년 전 유학을 했던 선배의 말에 의하며 최근의 파리 사람들은 매우 글로벌화되었다고 한다. 나름 영어를 하려고 성의를 보이는 사람들도 많고 전보다는 영어로 소통이 가능해진 곳도 많아졌다는 것이다. 사실 젊은이들 사이에서는 이제 영어를 배우고자 하는 비율도 높아지고 부유층 사이에서는 영어 교육 때문에 파리 내 국제학교INTERNATIONAL SCHOOL 또는 영어·불어 모두 사용하는 학교를 보내는 것이 일반화되고 있다. 또한 길을 가다가도 영어로 물으면 자신이 영어를 할 수 있다는 것을 뽐내듯 나서서 알려 주고 설명해 주는 할머니들도 보인다.

사실, 유럽의 작은 나라, 네덜란드, 벨기에 등과 비교해 볼 때 프랑스는 자신들의 큰 땅에서 먹을거리는 물론 생활에 필요한 많은 것들을 자급자족하며 살아 왔기 때문에 무역이나 기타 해외 진출을 하기 위해 영어를 애써 배울 필요가 없었다.

하지만 불어에 대한 자부심, 아니 전통적으로 바른 불어 사용에 대한 역사가 있어서 그런지 불어를 잘 못하는 외국인들에게는 불어를 배우고는 있는지, 왜 파리에 살면서 불어는 배우지 않는지 등등의 핀잔 섞인 말도 자주 한다. 또한 프랑스인들이 불어에 대한 사랑이나 관심이 많다는 것은 그들의 많은 문학가, 작가 들에 대한 예우를 통해서도 알 수 있다. 그들이 살던 집과 유품들을 잘 보존해서 박물관 같이 운영하는 모습을 보아도 그렇고, 많은 도로와 지하철 역 또한 작가나 불어 발전에 기여한 인물들 이름을 사용한 경우가 많은 것을 보면 불어에 대한 프랑스인들의 열정을 볼 수 있다. '지하철 내 작가들LES ECRIVAINS DANS LE METRO'이라 하여 16개의 지하철역이 작가들의 이름으로 되어 있다. 물론, 작가 외에도 국가발전에 기여한 많은 이들의 이름이 도로나 지하철역 등에 사용되어 많은 사람들이 기억하도록 제도화되어 있지만, 작가나 문학가 등에 대한 예우는 나에게는 다소 생소한 것이었다.

프랑스인들의 불어에 대한 열정은 오랜 역사적 배경과 전통을 가지고 있다. 8세기 샤를 마뉴A.D. 742~814 대제 이후 많은 프랑스 왕들은 로마 라틴어의 영향에서 벗어나고자 불어 사용을 강요하기 시작했다. 더구나 14세기에 들어서 파리가 프랑스의 중심지가 되고 인구가 급속히 불어나면서 불어는 프랑스뿐 아니라 유럽의 공식 언어가 되어 당시에는 대부분의 국제협약 등 외교문서를 불어로 체결하였다고 한다. 반면 프랑스는 면적이 꽤 큰 나라다. 그러다 보니 지역별 특색도 강하고 방언도 발달하여 카탈롱CATALAN, 프로방샬PROVENÇAL, 알사티앙ALSARTIAN, 브레통BRETON 등 다양한 지방어가 있다. 이러한 방언들은 프랑스를 하나의 나라로 통합하는 데 많은 장애가 되었고 파리를 중심으로 한 중앙집권정책에도 맞지 않았다. 따라서 지방색을 넘어 파리를 중심으로 한 프랑스 공통의 정체성을 부여하기 위해 공용어인 불어가 선택된 것이며, 수세기 동안 언어가 프랑스인들을 하나로 묶어 주는 중요한 수단이 되어 온 것이다.

1634년에 국가가 '아카데미 프랑세즈ACADEMIE FRANÇAIS'를 세워 불어의 바른 사용을 독려했다. 또한 불어를 과학과 예술 표현에 좋은 순수하고 세련된 언어로 만들기 위해 다양한 정책을 끊임없이 추구해 온 결과, 프랑스인들이 불어에 대해 자부심과 긍지를 가지게 된 것이다. 더구나 당시 로마에도 아카데미 프랑세즈를 세워 '그랜드투어GRAND TOUR'를 다니는 유럽 귀족들에게도 불어를 사용하도록 독려함으로써 귀족언어가 되었다고 한다.

따라서 프랑스인들은 영국이나 미국인들처럼 모국어를 단순한 의사소통의 수단으로만 생각하는 것이 아니라 위대한 유산, 더 나아가 예술적 작업과 같이 여겨 다른 나라 사람들이 이해하지 못할 정도로 불어를 사랑하고 경배하는 경향이 있다. 그래서 불어의 다양한 쓰임과 표현 발전을 위해 기여한 많은 문학가, 정치가, 법률가 등을 기리고 있는 듯하다.

불어를 바르게 사용하고자 하는, 그리고 그들이 불어를 통한 다양한 표현과 화술^{웅변}을 중요시하는, 프랑스인들의 모습은 실생활에서도 많이 찾아볼 수 있다.

예를 들어, 영국에는 뮤지컬 극장이 많다면 프랑스에는 연극을 하는 극장(떼아트르^{THÉÂTRE})이 많다. 특히, 루이 14세는 코메디 프랑세즈^{COMÉDIE FRANÇAIS}를 건립하여 코믹 아트나 마임^{MIME} 등의 수많은 공연을 통해 불어의 깊이 있는 표현 발전을 도모했고, 루소와 같은 사상가들조차도 극본을 쓸 정도로 관심들이 높았던 것 같다. 지금도 파리에는 많은 연극들이 공연되고 있다. 불어로 공연이 되고 있어 이해하는 데는 한계가 있긴 하지만, 소극장에서 이루어지는 그들의 마임 등은 색다른 경험이 된다.

프랑스인들은 초등학교는 물론 중학교 3학년까지 수업시간에 '받아쓰기'를 계속하고 잘못된 표현이나 문법적으로 오류가 있으면 언제든 대화 속에서 교정 혹은 수정을 받게 된다. 단순히 대화만 통하면 되는 것이 아니라 현재까지도 정확하게 쓰고 읽고 말하기를 끊임없이 훈련시키고 있는 것이다. 또한 철학과 인문학 교육도 어려서부터 꾸준히 시킴으로써 서로가 공감할 수 있는 정신을 만들어 내고, 표현에 있어서도 미사여구 및 화술을 중요시한다. 예를 들어, 영·미국식 신문기사의 경우, 아주 심플하고 간단하게 절제된 표현으로 사실 위주로 전달하여 독자 스스로 결론에 이르게 한다. 반면 프랑스는 기자 자신의 의견을 명확히 해 주어야 하며 글도 간단명료한 방법보다는 각종 수사법을 동원해야 멋진 글로 평가된다. 비슷한 예로, 영·미국식 표현에 익숙한 우리에게는 그래서 프랑스 영화가 기승전결이 없고 결말이 허무하게 받아들여지는 경우가 많다. 프랑스 영화를 보면 뭔가 의미를 찾기 위해 기다리다가 그냥 맥없이 끝나 버리는 느낌인데, 이는 프랑스인들은 무엇을 전달하는가보다는 영화가 어떻게 말하고 있는지를, 서로 공감하는 것을, 중요시하기 때문이다.

파리를 거닐며 거리명이나 지하철명들을 찬찬히 둘러보면 프랑스인들에게 기억되는 위인들이 누구인지, 어떠한 사람들을 존경하는지를 알게 됨으로써 프랑스인들의 삶을 이해할 수 있다. 또한, 이처럼 후세에 기억될 수 있음을 알림으로써 현재를 살아가는 이들에게도 후세에 귀감이 될 수 있도록 채찍질하는 이들의 삶의 방식이 부럽기도 하다.

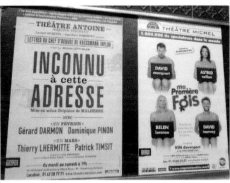

1 지하철역 등에서 볼 수 있는 수많은 연극광고들.
무대장치나 소품에 치중하기보다는 언어를 통한 소통을
더욱 중시하는 프랑스인들의 연극은 아직도 많은 이들의
사랑을 받고 있는 장르 중 하나이다.

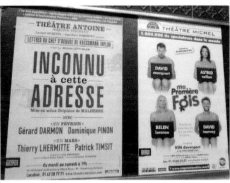
2 코메디 프랑세스Comédie Français 극장 건물에 새겨져
있는 극작가 '몰리에르Molière'의 모습

색깔에 강한 파리지엥과
감각이 뛰어난 파리지엔느

파리에서의 삶은 개인의 감각을 수없이 테스트한다. 예를 들어, 꽃을 고를 때도, 스카프 하나를 걸칠 때도, 하다못해 집 안에 작은 의자를 들여놓거나 수리를 하려 해도 개인적인 감각을 필요로 한다. 나처럼 미술에 대한 소질이나 감각이 둔한 사람에게는 곤혹스럽기만 하다. 학생시절 미술시간에 느꼈던 열등의식을 이곳에서 다시금 느끼며 살아간다.

프랑스인들은 꽃을 무척 좋아하나 보다. 직접 물어본 것은 아니지만, 약국과 미용실, 빵집 다음으로 많은 것이 바로 꽃집이기 때문이다. 큰 슈퍼마켓을 가도 꽃을 파는 코너가 꼭 있고, 초대를 받아 남의 집에 방문할 때도 꽃을 주로 선물한다고 하

는 것을 보면 꽃을 좋아하나 보다. 그런데 꽃집을 방문하면 한국과 달리 내가 꽃들을 하나하나 선택하여 계산대로 가야 한다. 가면 내가 선택한 것을 특별히 손질하지 않고 그냥 비닐과 색 포장지로 둘둘 말아 준다. 한국 같으면 오늘은 무슨 날이고 어떤 꽃이 좋냐고 물으며 플로리스트들이 갖가지 꽃을 골라 주며 이렇게 다듬고 저렇게 손질해서 조화롭게 포장을 해 주는데, 파리는 순전히 고객이 선물하는 목적에 맞게, 혹은 집 안을 꾸미는 자신의 취향에 맞게 직접 골라야 한다. 물론, 플로리스트들이 직접 골라 주고 멋지게 꽃다발을 만들어 줄 수는 있지만 그만큼 2~3배 이상의 높은 가격을 지불해야 한다. 그래서 처음에는 꽃을 고르는 것이 하나의 스트레스로 다가왔다. 보통 3다발에 5~9유로로 매우 저렴함에도 불구하고 어느 꽃이 어느 꽃과 잘 어울리는지, 어떤 색끼리 조화를 주면 좋은지 알 수가 없어 한참 동안 꽃들만 들여다본 적도 많다. 내 머릿속에 있는 꽃다발의 형상은 빨간 장미꽃들과 안개꽃다발만 가득한데…. 하지만 파리지엥들은 척척 잘도 고른다. 고른 것을 유심

율스 쉐레Jules Cheret_파리지엔느La Parisienne, 마르모탕 미술관

히 보아도 '잘 골랐구나, 멋지다' 하는 생각이 들 정도이다. 꼭 선물이 아니라도 봄에는 튤립을, 여름에는 장미를, 이렇게 계절마다 집 안에 꽃을 사다 장식하는 좋은 습관이 있으니 언제나 고민 없이 멋지고 조화로운 꽃다발을 만들어 내는 것 같다. 그래서 파는 사람들도 꼭 자신들이 제안하는 디자인만을 고집하지도 않고 각각의 개성에 따라 고르도록 전혀 가공되지 않은 진열을 해 놓는 것 같다.

파리지엥들의 감각은 색감에서도 많이 나타난다. 파리에서 알게 된 한 한국인 부인이 시청에서 하는 아트교실에 다니게 되었는데, 그림을 그릴 때 주어지는 색은 기본색 5가지뿐이란다. 흰색과 검정, 노랑, 빨강, 파랑. 파리지엥들은 다섯까지 색깔을 가지고도 자유자재로 원하는 색을 만들어 그림을 그린다고 한다. 어느 날 이분이 다른 사람들처럼 금발의 여인을 그리려고 색을 만들었는데, 아무리 만들어도 오렌지 빛깔의 머리를 가진 여인이 되더란다. 이 오렌지 빛깔의 머리를 보고는 옆에 있는 프랑스 사람들은 "왜 네 그림의 여인은 머리가 오렌지 빛깔이니?" 하고 물어대고, 차마 금발을 만들려다 오렌지 빛깔이 되었다고 말하지는 못하고는 "응, 이 애는 담배를 피워서 머리색도 강하게 한 거야" 하고 답을 하니 또, "그럼 너도 담배를 피우니?" 등등 엉뚱한 답변과 질문이 계속 되었던 곤혹스러운 경험이 있었다고 한다. 원하는 색깔을 만들어 내지 못한 것도 속상한데, 원치 않는 방향의 대

화까지 이어지니 얼마나 당황스러웠을까 싶다. 이렇듯 프랑스인들은 어려서부터 기본색을 가지고 다양한 색을 만들어 내는 데 익숙하다. 우리처럼 물감세트를 고를 때 12색, 24색, 36색 등등이 아니라 기본색을 가지고 수없는 시행착오를 거치면서 원하는 색도 만들어 내고, 남과 다른 컬러로 개성 있는 작품을 만들어 내는 것 같다.

가구점에는 의자나 소파에 천을 씌우지 않은 하얀 천 그대로 판매도 하는데, 천이 씌워진 것들보다 가격이 1/3 정도로 매우 저렴하다. 여기에 각자가 원하는 천을 골라 씌우고 손잡이와 다리의 색상도 정해야 한다. 우리나라에서는 브랜드에서 나오는 의자는 모두 똑같은 디자인과 색상인데, 프랑스는 내셔널브랜드라 하더라도 각자가 선호하고 선택하는 것에 따라 다른 의자와 소파가 된다. 마치 우리나라에서 벽지를 고르듯 자신에게 맞는 천과 색상을 골라 디자인해야 한다. 사실 한국에서도 벽지를 고르는 일이 무척이나 신경 쓰이고 귀찮았다. 나의 감각이 반영되고 평가되는 것이니 스트레스를 받는 것이다. 그런데 프랑스에서 이런 일은 비일비재하다. 물론, 꽃을 살 때처럼 이들의 감각을 빌리면 되지만, 가격은 꽤 높아진다. 그 높아진 가격을 생각하면 어떻게든 내가 고르려 노력하게 된다. 가구점 외에도 앤티크제품을 파는 벼룩시장에서 제품을 구입해 수리를 할 때도 어울리는 천과 색상을 골라야 한다. 차라리 한국처럼 가격에 모든 것이 포함되어 완제품만을 구입하면 얼마나 좋을까 하는 생각도 한다. 하지만 이러한 과정이 개개인의 개성을 반영하고 항상 남과 다른 모습을 추구하는 게 이들의 장점이 되는 것 같다. 그래서 로드숍들을 다녀봐도 상점마다 상품이 다 다르고 주인의 개성과 취향이 많이 반영되어 있어 자부심도 강할 뿐 아니라 가격 또한 강하다. 이들은 남과 다른 것을 제안하기 때문에 가격 경쟁이 필요없고 소비자 역시 가격을 비교하기가 쉽지 않다. 결국 차별화된 상품 소싱에 우수한 품질을 내세워 높은 가격을 받는다.

파리지엥들을 멋쟁이라고 한다. 보기에도 멋지다. 하지만 이들의 패션을 오랫동안 관찰해 보니 겨울 내내 같은 코트만을 입는 경우도 많다. 블랙이나 진한 색 블루코트를 겨울 내내 3~4개월 걸치지만, 이들은 스카프와 핸드백, 핸드백과 어울리는 구두나 부츠로 변화를 준다. 때로는 그들의 머리 색깔을 바꿈으로써 변화를 추구한다. 어떨 때는 모자 등으로…. 사실, 파리지엥들이 모자를 착용하는 것은 물이 안 좋은 관계로 머리를 자주 감지 않아 그러한 머리를 감추기 위함이라고들 한다. 옛날 귀족들이 가발을 사용했던 것과 같이 현대에는 모자를 착용한다는 설이 있다. 석회수인 물로 머리를 자주 감다 보면 탈모도 심해지고 피부도 약해져서 가능한 한 샤워나 머리 감기를 자제한다고 한다. 3년 이상 살다 보니 그들이 이해가 된다. 탈모나 헤어손상이 심해서 매일 머리 감던 횟수를 주 3회, 주 2회, 주 1회로 줄여 나간 적도 있었고, 겨울에는 그래서 모자를 푹 쓰고 다닌 적도 있으니 말이다.

이렇듯 프랑스에서는 개개인이 각자의 컬러를 가지듯 유행보다는 자신에 맞는 스타일과 방식을 고집한다. 남이 한다 하여 무조건 좇지 않을뿐더러 분에 넘는 명품 따라 하기는 없다. 역시나 자신이 가고자 하는 길을 묵묵히 걸어갈 수 있도록 자신들의 영역을 침해받지 않는다면 그들에게 주어진 길로만 가는 사람들이 프랑스인들 같다.

프랑스 3명의 대왕

파리에 살다 보면 자연스럽게 프랑스 왕 3명은 자주 접하게 된다. 이 중 루이 14세는 어린 시절 세계사 공부를 통해 익히 알고 있지만, 루이 14세 이외 프랑수아 1세와 앙리 4세는 파리 혹은 파리 근교 곳곳을 다니다 보면 자연스럽게 알게 되는 프랑스 왕들이다. 더구나 프랑스 명문 중 명문인 두 개의 탑TOP고등학교 이름이 '루이 14세LOUIS GRAND'와 '앙리 4세HENRI QUATRIÈME'임을 보아도 이들이 프랑스인들에게 얼마나 사랑받는지를 알 수 있다.

15세기 이탈리아 르네상스를 이어받아 16세기 프랑스 르네상스를 꽃피우며 파리를 유럽 문화의 중심으로 발돋움할 수 있도록 기반을 닦은 프랑수아 1세FRANÇOIS I, 퐁네프 다리 등을 신축함으로써 파리라는 도시를 새롭게 변화 시키고 프랑스 국민들의 안정된 삶을 추구하던 앙리 4세, 그리고 프랑스뿐 아니라 유럽에서 절대왕정의 본보기로 등장한 태양왕, 루이 14세를 통하여 프랑스 파리가 유럽 예술 문화의 중심지가 될 수 있었다.

▲ 다리 퐁네프Pont Neuf 위에 있는 앙리 4세 기미상
▼ 퐁텐블루 성에 있는 프랑수아 1세 두상

그래서 파리 곳곳을 다녀 보아도, 파리 근교 많은 성들을 방문하면서도, 또 박물관을 다니다 보면 이 왕들을 소재로 한 많은 초상화와 동상들을 볼 수 있으며 역사적 사실 속에서도 많이 언급되고 있다. 어떻게 보면 이 세 명의 왕들은 마케팅의 귀재가 아니었나 싶다. 자신들을 다양한 방법으로 마케팅하여 오늘날까지도 프랑스인들의 사랑을 받는다는 생각이 든다. 물론, 이들의 훌륭한 치세와 예술 발전에의 크나큰 업적도 있지만, 예술과 문화를 정치적으로도 잘 활용하여 자신들에 대한 좋은 이미지와 로망을 갖도록 한 것이다. 후에 이러한 프로파간다PROPAGANDA 전략은 알프스를 나귀를 타고 넘었다는 역사적 사실에도 불구하고 건장하고 멋진 말을 타고 알프스를 넘는 그림을 통해 자신의 위엄을 표현하고자 했던 나폴레옹 1세에게도 전수되긴 했지만, 이들 세 명의 왕은 현대 정치인들의 프로파간다의 선조들이 아닌가 싶다.

프랑스의 예술과 문화가 전제군주들의 개인적인 영광을 선전 또는 과시하고자 이용되기 시작한 것은 바로 프랑수아 1세(1494~1547)부터라 볼 수 있다. 프랑수아 1세는 이탈리아에서 시작된 르네상스를 프랑스로 들여온 왕으로 그가 지은 퐁텐블루 성을 장식하기 위해 이탈리아 예술가들을 대거 모집했다는 사실만으로도 예술에 대한 그의 열정을 가늠할 수 있겠다. 퐁텐블루 성은 파리에서 40여 분 남짓 떨어진 곳으로 방문이 용이할 뿐 아니라 파리에 와서 베르사유 궁전 외에 처음으로 방문한 곳이라 더욱 애착이 가는 곳이다. 더구나 사냥터로 이용되어서 그런지 넓디넓은 정원과 숲, 궁의 모습을 보면 베르사유 궁전 못지않아 보임에도 불구하고 왜 우리에게는 오직 베르사유 궁전만 알려졌는가 하는 아쉬움이 들었다. 이 성은 프랑수아 1세뿐 아니라 대대로 많은 왕들과 왕비들, 나폴레옹 1세까지 애착을 갖고 거주했던 성이라 각각의 왕과 왕비가 어떻게 살았었는지를 방별로 구분하며 볼 수 있다. 더구나 이 성에 있는 많은 방 중 '프랑수아 1세 갤러리'라는 방을 둘러보게 되면 벽을 장식하기 위해 그려진 화려한 이탈리아식 프레스코화, 프랑수아 1세를 나타내는, 곳곳에 새겨진 'F' 자, 프랑수아 1세의 두상 등을 통해 이탈리아 르네상스를 얼마나 동경하며 그것을 프랑스에 알리고자 했는지 프랑수아 1세의 열망을 조금이나마 엿볼 수 있다.

주말이 되면 동네 통닭구이 전문점에는 언제나 긴 줄이 늘어서는데 이는 파리에서 보는 진풍경 중 하나이다. 이렇게 프랑스 사람들이 주말에 통닭을 먹는 이유가 있다고 하는데, 이는 16세기 앙리 4세 왕의 시절로 거슬러 올라가게 된다. 1994년 이자벨 아자니가 주연했던 영화 '여왕 마고'에서처럼 앙리 4세는 발루아 왕조의 공주('여왕 마고'라 불림)와 결혼을 하게 되는데, 결혼식 날(1572년 8월 24일 성 바르톨로메오 축일) 그의 결혼을 축하해 주러 온 신교도들이 대학살을 당하게 된다. 당시 신교도였던 앙리 4세는 구교로 개종을 하게 되고, 프랑스는 가장 치열한 신구교 전쟁시기를 맞게 된다. 이로 인해 파산지경에 이른 프랑스 재정을 앙리 4세가 왕이 되면서 귀족의 세금을 늘리고 상공업의 부흥을 도모함으로써 개선시키고, 신구교가 화합해서 살 수 있도록 제도적 기반을 마련하게 된다. 또한, 앙리 4세는 일요일마다 닭고기를 먹을 수 있는 풍요로운 프랑스를 추구하는 정책을 펴 오늘날까지도 닭은 풍요로운 프랑스를 상징한다고 한다.

이렇듯 지긋지긋한 전쟁을 끝내고 삶의 안정을 프랑스에 안겨 준 앙리 4세는 '앙리 대왕 혹은 선량왕'이라는 별명을 얻으며 아직까지도 사랑받는 왕 중 하나이다. 프랑스에 있으면 앙리 4세를 많이 접하게 된다. 우선, 그가 만든 최신식 석조 다리였던 퐁네프PONT NEUF. 아홉NEUF 번째라는 뜻이 아니라, '신식(新式), 새로운'이라는 또 다른 뜻이 담겨 있어 퐁네프라고 한다. 그 이전에는 지금의 피렌체에 있는 '베키오' 다리처럼 다리 양 측면에 집들이나 건축물들이 들어서 있었는데, 퐁네프는 이러한 건축물 없이 현대와 같이 시원하게 양쪽으로 탁 트인 구조로 만들어졌으니 '신식 다리(퐁네프)'라는 이름이 붙여질 만도 하다. 이 다리를 건너다 보면 앙리 4세의 큰 기마상을 볼 수 있다. 엄청나게 큰 기마상 주인공의 얼굴을 유심히 보면 무척이나 위엄이 있어 보인다. 하지만 반면 루브르 박물관에서 접하는 앙리 4세의 초상화는 다른 왕들의 것과 달리 무척이나 익살맞은 표정을 하고 있어 상당히 여유 있고 낙천적인 사람이 아니었나 싶다. 여하튼 앙리 4세 덕분에 주말이면 토종닭구이를 맛나게 즐길 수 있어 파리에서의 삶이 더욱 풍요롭게 느껴진다.

파리에 살기 전까지는 프랑스 왕이라고 하면 '루이 14세'와 '루이 16세'만 기억하고 있었던 거 같다. 베르사유 궁전은 물론 태양왕으로 불리며 유럽 전제 군주 정치의

루브르 박물관에 있는 앙리 4세의 초상화들
특히, 오른편의 그림은 '헤라클레스' 분장을 하고
약간은 코믹한 표정과 자세로 더욱 친근감을 주고 있다.

매년 여름이면 베르사유 궁전에서는 야간 조명쇼 및 불꽃 축제가 벌어진다.
프랑스인들의 앞선 기술인 조명 예술 및 기타 다양한 궁정의 콘텐츠를 경험할 수 있는 이벤트이다.

대가였던 루이 14세는 어느 역사서에나 나오기 때문에 많은 이들이 기억할 것이다. 루이 14세는 프랑스에서 우리나라의 세종대왕과 같이 대왕GRAND OR THE GREAT으로 통한다. 그는 정치, 경제, 군사, 문화, 예술 등 모든 분야에서 그의 이름을 남겨 놓았다. 또한 그는 수도인 파리PARIS를 중심으로 중앙집권을 강화하여 현재 프랑스 정치 형태의 근간을 마련했으며, 끊임없는 영토확장을 위한 전쟁으로 프랑스를 유럽 제1의 강국으로 부상하게 만들었다.

지금까지 이어지는 스페인의 왕실이 당시 루이 14세 가문인 부르봉 왕가라는 사실만으로도 당시 그의 스페인 계승전쟁에 대한 영향력을 가늠해 볼 수 있다. 그러한 호전적인 면이 강하면서도 프랑스 왕답게 루이 14세는 예술을 무척이나 사랑했던 왕 중 하나였다. 물론 중상주의 정책이라는 실리가 반영된 것이긴 하나 쉐브르 도자기, 고블랭의 타피스리(벽에 거는 카펫)를 통해 프랑스 상품과 문화에 대한 유럽국가들의 동경심을 유도하기 시작했으며, 연극, 오페라, 발레는 물론 각종 초상화와 그림, 조각 등을 통해 왕실이미지를 만들어 내는 데 열성적이었던 왕이다. 그래서 그를 그린 많은 초상화가 있을 뿐 아니라 루이 14세는 그림 내에서 때로는 로마황제 혹은 아폴로의 모습으로, 혹은 알렉산더 대왕의 모습으로 그려져 더욱 영웅시되었던 것이다.

프랑수아 1세는 거의 태조 이성계가 조선을 건국할 때쯤 태어났다. 거슬러 올라가면 조선 초기와 같은 시절부터 프랑스 왕들은 예술과 문화를 통해 자신들을 홍보하고 마케팅하고 국민들과 소통하는 방법을 알았고 그들이 마케팅했던 역사적 자료들을 통해 프랑스인들은 지금도 그들은 기억하고 기린다. 요즈음에는 정치나 선거에서도 마케팅 전문가의 역할이 커지고 있다. 이미지를 만들고 보다 효과적으로 국민과 커뮤니케이션하는 방법을 찾고 연구한다. 이때 프랑스 역대 왕들의 방식을 연구해 보는 것도 좋을 듯하다.

태양왕 루이 14세의 초상화

CHAPTER 3

이 도시의
마케팅

오페라하우스 발코니에서 본 오페라 광장 모습. 왼편에 평화다방Café de La Paix이 보인다.

오페라 하우스. '오페라 가르니에'는 공연은 물론 고전부터 바로크까지의
다양한 건축과 실내장식의 모습을 볼 수 있는 또 하나의 박물관이다.

도시마케팅의 선구자, 파리!

유럽을 여행하려면 파리를 보고 로마, 로마를 거친 후 그리스, 그다음 이집트를 보라고 조언들을 한다. 그럴듯한 이야기인즉, 이집트를 여행한 후 그리스 파르테 논 신전을 보니 "고작 기원전 4세기 유물이군, 이집트의 기원전 25세기 유적에 비하면… 별거 없네!" 하는 이야기를 나도 모르게 던지게 되었기 때문이다.

예전에 로마에 배낭여행을 왔을 때 느꼈던 그 감동이 그리스의 신전을 보고도 전혀 다가오지 않는 것을 보면 사람의 생각이나 의식이 참으로 간사하구나, 그리고 상대적이구나 하는 생각을 가지게 된다. 이집트나 그리스, 로마에 비하면 사실 지금의 파리 모습은 거의 150여 년 전 산업혁명의 결과물일 뿐이다. 100여 년의 역사로 이렇게 많은 이들의 사랑과 동경을 받는 것을 보면 우리도 지금의 서울 모습을 잘 만들어 150여 년 후에 이런 대접을 받으면 되겠구나 싶은 생각도 들었다.

1852년 제2제정시절, 나폴레옹 3세와 오스만HAUSSMANN 백작은 중세 시대의 좁고 미로 같은 형태를 가진 구식의 파리를 지금의 모습인 대로大路(블르바드BOULEVARD) 혹은 애비뉴AVENUE로 확장하고 오페라 갸르니에 극장을 비롯하여 오스만 양식이라고 불리는 현재 1층에 상점이 있는 형태의 신고전주의 건물들을 새로이 세우기 시작했다.

즉, '파리 근대화'를 시작한 것이다. 얘기에 의하면 이러한 파리 근대화 작업은 낙후된 파리를 개선한다는 의미보다는 쿠데타로 정권을 잡은 나폴레옹 3세는 언제 또 일어날지 모를 자신에 대한 폭동을 진압하기 용이한 형태의 거리를 만들었다고 한다. 여기에 19세기 유행한 만국박람회는 파리를 더욱 세련된 모습으로 변모시키는 데 일조를 하게 된다.

150여 년 전 파리는 비록 과도한 공사 비용 문제는 안고 있었지만, 대대적인 '파리 근대화' 작업을 통해 기차역, 주요 광장들을 잇는 직선 대로, 이러한 대로변에 백화점, 카페 등을 세움으로써 선진적인 모습을 이끌어냈다. 따라서 당시 서구 각

파리 만국박람회를 기념하기 위해 1889년 구스타브 에펠에 의해 세워진 에펠탑Tour Eiffel

도시의 변화에 막대한 영향을 끼쳤다. 그래서 그런지 여느 유럽 도시들을 방문해도 마치 파리의 모습인 양 비슷하거나 모방의 모습이 느껴지는 곳이 많은 것이다. 이러한 도시미학이 관광객을 불러 모으는 큰 역할을 했던 것이고, 여기에 19세기 중 후반 '파리 근대화' 프로젝트와 함께 등장한 백화점은 파리에서 발표된 패션이 대량으로 복제되어 전 세계로 퍼지는 시스템에 큰 역할을 하게 된다. 오뜨꾸뛰르 HAUTE COUTRE, 즉 기성복이 창시됨과 동시에 미싱과 아니린 염료를 사용하기 시작하면서 패션의 대량생산이 가능해진 것이다. 이러한 복제시스템을 통해 파리 패션은 세계로 전파되었고 파리는 '패션도시'로서 인기를 얻기 시작한다.

특히 1889년 박람회를 기념하여 에펠탑이 세워지고 1900년 박람회 때는 지하철을 개통함으로써 완벽하게 현재의 모습을 취하게 되었다. 이러한 변화는 파리를 기술혁명, 무역 및 여행의 중요한 중심지로 탈바꿈시켰다. 파리의 도시마케팅은 여기서부터 시작되었다고 해도 과언이 아닌 듯하다. 더구나 1차 대전을 승리로 이끌면서 점차 파리는 문화와 예술 커뮤니티는 물론 카바레 물랭 루즈MOULIN ROUGE와 같은 밤문화로도 유명해지면서 피카소를 비롯하여 헤밍웨이 같은 예술가와 작가 들까지 파리로 끌어들이며 인기를 얻게 되었다. 더구나 당시 흉물이라는 비난을 받아 1차 세계대전이 발발하지 않았으면 철거되었을 에펠탑이 파리의 랜드마크 역할을 하게 되었다. 이는 파리가 끊임없이 현대 도시로서의 균형을 위해 노력 중인 모습을 잘 보여 준다.

파리는 낯설고 생뚱맞지만 오랜 시간에 걸쳐 눈에 익숙해지고 집중하도록 마케팅하는 '조화'의 능력을 가지고 있다. 오래 됨을 잘 간직하면서도 라데팡스 등의 신시가지, 미테랑 국립도서관, 퐁피두센터, 베르시 등 끊임없이 변화를 추구하는 모습도 파리가 가지는 매력 중 하나라 할 것이다. 이제는 파리라는 도시이미지를 각인하기 위해 각종 축제 등을 벌이고 있다. 기존의 하드웨어 외에 끊임없이 파리만의 콘텐츠를 개발하고 선보이는 노력을 한다. 예를 들면, '박물관의 밤MUSÉE DE LA NUIT', '하지축제6월22일, FÊTE DE LA MUSIC', '문화재의 날LES JOURNÉES DU PATRIMOINE' 등 다양한 축제와 이벤트 등을 제공함으로써 파리에 머무는 시간을 연장케 한다.

1890년대 물랭 루즈Moulin Rouge의 모습(출처: 위키피디아)

베르시Bercy에서 미테랑 도서관(사진 속 왼편)으로 넘어가는 보행자 전용다리
Passerelle Simon-de-Beauvoir

또한, 영화 등을 통해 문화와 예술의 도시 이미지를 끊임없이 마케팅한다. 예를 들어, 파리 곳곳의 평범한 삶을 보여 주면서 파리에 대한 로망을 갖게 하는 '파리, 사랑해PARIS! JE T'AIME', 카를라 브루니 영부인도 등장하여 파리를 광고하는 듯한 영화 '미드 나잇 인 파리MIDNIGHT IN PARIS' 등을 보아도 파리를 알리기 위한 그들의 끊임없는 노력을 볼 수 있다. 마지막으로, 효과적인 도시마케팅을 하기 위해 파리는 스토리를 갖는다. 지하철, 도로 이름 모두가 스토리를 갖고 장소에 얽힌 역사/인물 이야기를 제공하기 위해 끊임없이 노력을 하기 때문에 조금만 관심을 갖고 본다면 곳곳의 히스토리를 접할 수 있다.

나는 가끔 외롭거나 울적하다고 생각되면 에펠탑 앞으로 산책을 나간다. 그곳에 가면 사진을 찍으며 온갖 포즈를 취하는 관광객들의 모습을 보게 되는데, 마치 세상에서 가장 행복한 표정을 하는 사람들처럼 느껴진다. 뭔가 그토록 바라던 것을 손에 쥔 듯이 환한 표정을 하며 즐거워하는 그들의 모습은 파리라는 도시가, 그리고 이 도시를 상징하는 에펠탑이라는 것이 지금까지 그들에게 로망ROMAN과 열망을 불어넣어 주었다는 증거가 아닌가 싶다. 마케팅이란 무언가에 대한 로망과 소유욕을 불어넣어 주는 작업이 아닐까 생각된다.

영화 '미드나잇 인 파리Midnight In Paris', 2011 포스터

✚ 파리의 문화축제

'박물관의 밤Musée de la nuit'은 매년 5월 3주차 토요일 밤에 파리 시내 박물관 및 미술관을 무료로 이용하는 행사이다. 이 행사 시 해가 지는 9시경 석양에 어우러지는 루브르 박물관의 조각들을 감상하는 것도 좋은 추억거리가 되리라 생각된다.

'하지축제Fête de la music'는 매년 6월 22일 하지를 기념하여 파리 거리는 물론 카페나 레스토랑 어디서나 음악가들의 퍼포먼스를 밤새 볼 수 있다. 파리에 있는 우리나라 풍물패 모임인 '얼쑤'의 공연을 포함해 세계 각국 뮤지션들의 공연들도 감상할 수 있다.

'문화재의 날Les Journées du Patrimoine' 행사는 매년 9월 셋째 주 토 · 일요일에 있으며 이날에는 오래된 관공서나 박물관들이 무료로 공개된다. 특히, 프랑스 대통령이 거처하는 엘리제 궁Palais de l'Élysée은 그중 가장 많은 사람들이 들어가려 줄 서 기다리는 곳 중 하나로 아침 7시부터 기다려야 9~10시경에 입장이 가능하다. 엘리제 궁 이외에도 시청Hôtel de Ville, 평상시에는 입장이 불가능한 박물관급의 관공서 등을 볼 수 있다.

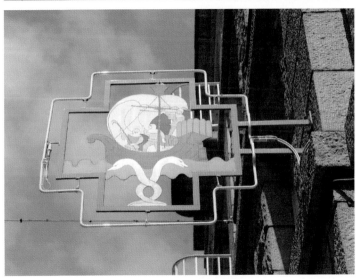

CREPERIE

RUE
BROUSSAIS

la trinitaine
DEPUIS
1955

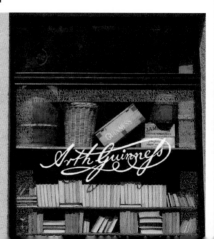

Arth Guinne∫s

근대의 시공간이던
파사쥬 Passage 문화

파리에 와 1년여 만에 'ㅈ' 가이드 투어를 하게 되었다. 파리에 산다는
자만심(?)으로 가이드 투어는 하지 않으려 했지만, 미국에서 온 친구
를 위해 쉽고 빠른 시간에 파리를 구경시켜 줄 수 있는 방법은 역시
'ㅈ'이라는 가이드 투어를 하는 것이었다. 비교적 짧은 시간에 많은 곳
을 자세한 설명을 들으며 움직일 수 있기 때문에 유럽 어느 도시를 가
나 이 투어를 이용하면 좋았던 기억이 있어 친구와 함께 이틀간 투어
를 하게 되었다. 역시나 내가 모르던 곳으로 안내를 하며 데려가 준
곳이 9구에 있는 '파사쥬 주프루아 PASSAGE JOUFFROY'이다.

갤러리 비비안느Galerie Vivienne

파사쥬 주프루아Passage Jouffroy

갤러리 비비안느Galerie Vivienne입구

파리 곳곳이 옛 모습을 지니고 있다고 생각하며 지냈는데, 이런 파사쥬의 모습은 나 자신이 타임머신을 타고 100여 년 전으로 온 것은 아닌가 하는 착각이 들게 했다. 마치 시간이 멈추어 버린 그런 장소 같았다. 특히, 주프루아는 나름 가장 원형 그대로의 모습으로 잘 보존된 파사쥬 중 하나라고 한다. 당시 신소재 혁명으로 통하던 유리와 철골구조로 건축된 파사쥬는 현재는 평범하다 못해 시시하거나 낡은 느낌을 주지만 유리 천장 등을 보면 과거에는 꽤나 화려함을 자랑하지 않았을까 싶었다. 영화 포스터와 잡지, 사진을 전문으로 하는 상점의 쇼 케이스를 보고 있자면, 파사쥬의 세월 못지않게 흑백영화의 묻힌 시간 또한 다른 생각에 잠기게 한다. 그레방GRÉVIN이 세운 왁스WAX 피겨FIGURE 전시장, 즉 영국의 마담투소와 같은 곳에서 유명인들과 사진 촬영을 위해 방문하는 것도 관광 코스 중 하나이다.

이러한 파사쥬 혹은 갤러리는 우리가 아는 표현으로 쉽게 말하자면 '아케이드', 즉 천장이 덮인 쇼핑가이다. 제2제정기(1851~1871) 오스만 공작의 '파리 근대화'가 시작되기 전까지 파리에는 150여 개가 넘는 파사쥬가 있었으며 최대의 쇼핑 공간이었다고 한다. 파리 근대화 작업이 시작되면서 대로가 생기고 백화점과 샹젤리제와 같은 거대한 쇼핑 타운들이 대로변에 자리 잡기 시작하면서 파사쥬는 쇠퇴기를 맞이하게 되어 현재는 20개 정도가 남아 있다고 한다. 이 20개들도 거의 버려진 상태로 유지되다가 1980년대 미테랑 대통령 시절 복원정책 붐이 일면서 파리의 새로운 명소로 자리 잡아 가게 되었다.

사실 여름 몇 개월을 제외하고는 궂은날도 많고 비도 오락가락 자주 내리는 파리 날씨 때문에 19세기 중반 파사쥬는 쾌적한 쇼핑을 제공하는 시대의 아이콘 같은 존재였을 것이다. 마치 한국에 코엑스몰이 등장하던 것과 같이. 더구나 화려한 드레스, 모자와 온갖 장식품을 걸친 부르주아층 귀부인들은 비 온 후 마차 등이 지나다니는 진흙탕 거리보다는 이곳을 무척이나 선호했을 것 같다. 건물과 건물을 잇는 천장을 덮은 거리가 많이 생겨나고 신흥 부유층들의 거리가 되었으니 이에 걸맞은 상점과 당시 소위 시크CHIC한 아이템들을 선보이는 장소가 아니었을까 한다.

A Priori C

lundi - vendredi : de 9h à 18 h
Samedi : de 9h à 18h30
Dimanche de 12h30 à 18h30

01 42 97 48 75

갤러리 비비안느Galerie Vivienne에 있는 티룸, '아 프리오리 떼 A Priori Thé'

파사쥬 파노라마에 있는 우표상. 1900년 우표가 1,700유로에 거래되고 있음을 볼 수 있다.

100여 년 전에 등장하여 파리지엥들의 폭발적인 인기를 얻으며 그들의 삶의 패턴 변화에 큰 영향을 주었던 그 당시 모습의 가스등, 돔DOME 형식의 유리로 만든 천장, 이들 건축의 특징인 로툰다ROTUNDA 등은 지금은 옛것을 보고 느끼고 싶어 찾아가는 추억의 아이콘이 되어 버리긴 하였지만, 지금이라도 보고 느낄 수 있는 곳이 보존된다는 것이 부럽기만 하다.

최근에는 파리 시내에서 쉽게 접하기 어려운 듯한 아이템, 예를 들어 옛날 우표나 엽서, 고서적은 물론 앤틱 가구 및 소품, 파사쥬에 따라 개성이 강한 아티스트의 핸드메이드 소품 가게 혹은 고급(명품) 빈티지 숍 등도 명물이 된다. 예를 들어, 루브르 박물관 건너에 있는 '팔레로얄PALAIS ROYAL 갤러리'에는 '디디에르 루도DIDIER LUDOT'라는 크고 다양하며 고급스러운 명품 빈티지 숍이 있는데 매장 쇼 케이스만 보고 있어도 수십 년 전의 버전이면서 당시로는 한정판인 샤넬 정장, 샤넬 백, 에르메스 백 등 이 지난 세월 속에서도 그들의 존재감을 뽐내는 것을 느낄 수 있다. 이곳에는 마크제이콥스MARC JACOBS의 플래그십FLAGSHIP 매장도 있어 갤러리의 럭셔리함을 더해 준다.

반면, 관광객이나 파리지엥들이 가장 많이 즐기는 파사쥬로는 단연 '갤러리 비비안느GALERIE VIVIENNE'이다. 모자이크식 바닥장식은 물론 반원구 형태의 유리로 만들어진 돔 등은 1826년 건립 당시 이 파사쥬가 왜 인기가 있었는지를 보여 준다. 현재도 오뜨꾸뛰르 매장, 인테리어 숍, 개성 있는 레스토랑과 카페가 있어 파리 파사쥬 중 가장 세련되고 쾌적한 곳으로 알려져 있다. 예를 들어, 장 폴 고티에, 세계적인 플로리스트 에미로 로바의 숍들이 입점되어 있어 이와 어울리는 파리지엔느들 또한 많이 방문한다. 특히 '아 프리오리 테A PRIORI THÉ'라는 카페에서는 갓 구운 영국식 스콘을 따뜻하게 차와 함께 즐길 수 있어 개인적으로도 좋아하는 곳이다.

다소 더 오래 묵은 느낌이 강한 파사쥬로는 1799년에 세워진 파사쥬 파노라마PASSAGE DES PANORAMAS로 이집트 혹은 모로코 같은 아랍 음식이 먹고 싶을 때 추천하고 싶다. 그 후 아이들의 놀잇감이나 장난감들을 보고 싶다면 장난감 브랜드 타운으로 변신한 파사쥬 프린스PASSAGE DES PRINCES로 발길을 옮겨 보는 것도 좋다. 가장 오래된 파사쥬는 나폴레옹이 이집트 원정을 기념하여 만들어진, 즉 1798년에 지어진 파사쥬 카이로PASSAGE DU CAIRE인데, 현재는 이름에 걸맞지 않게 마네킹, 의류집기, 의류 도매점들이 가득하여 당시 이집트에 대한 로망을 표현하기 위해 지었던 흔적은 엿보기가 힘들다.

지난봄(2012년 4월) 잠시 한국을 가니 최근 강남고속터미널 지하상가인 '한산상가'의 리뉴얼 공사가 한창이었다. 중·고등학교 시절부터 다녔던 곳이 파리에 간 3년 사이에 대단한 변신을 준비하고 있는데, 새롭고 쾌적한 쇼핑 환경은 기대가 되지만, 어린 시절 느꼈던 향수는 찾기 어렵지 않을까 싶다.

파사주 프랭스(Passage des Prience

파사쥬 주프루아Passage Jouffroy에 있는 뮤제 그레방Musée Grévin에서
유명인사들의 왁스 피겨와 사진 촬영을 즐겨볼 만하다.

⬛ 파리 시내 19개 파사쥬

팔레로얄 갤러리 Galeries du Palais Royal
★★★★
2, Place Colette, 75001

베로도다 갤러리 Galeries Vero-Dodat
★★
19, rue Jean-Jacques Rousseau에서 2, rue du Bouloi, 75001

비비안느 갤러리 Galeries Vivienne
★★★★
4, rue des Petits Champs혹은 5, rue de la Banque, 6, rue Vivienne, 75002

콜베르 갤러리 Galeries Colbert
★★★
6, rue des Petits Champs에서 6, rue Vivienne, 75002

파사쥬 쇼이솔 Passge Choiseul
★
40, rue des Petits Champs에서 23, rue Saint Augustin, 75002

파사쥬 프린스 Passage des Princes
★
5, Boulevard des Italiens에서 97, rue de Richelieu, 75002

파사쥬 파노라마 Passage des Panoramas
★★
11-13, Boulevard Montmartre에서 151, rue Montmartre, 75002

파사쥬 주프루아 Passage Jouffroy
★★★
10-12, boulevard Montmartre에서 9, rue de la Grange Bateliere, 75009

파사쥬 베르도 Passage Verdeau
★★★
6, rue de la Grange Bateliere에서 31, bis rue du Faubourg Montmartre, 75009

파사쥬 그랑 세르푸 Passage du Grand-Cerf
★★★
145, rue Saint Denis에서 3, rue de Palestro, 75002

파사쥬 브루그라베 Passage du Bourg-l'Abbe
★
120, Saint Denis에서 3, rue de Palestro, 75002

파사쥬 퐁소 Passage du Ponceau
★
212, rue Saint Denis에서 119, Boulevard de Sebastopol, 75002

파사쥬 카이로 Passge du Caire
★★
2, place du Caire 혹은 16, rue du Caire에서 239, rue Saint-Denis, 75002

파사쥬 브라디 Passage Brady
★
33, boulevard de Strasbourg에서 46, rue du Fg Saint-Denis, 75010

파사쥬 프라도 Passage Prado
★
18, boulevard Saint-Denis에서 12, rue du Fg Saint-Denis, 75010

파사쥬 방돔 Passage Vendome
★★★
3, place de la Republique에서 16-18, rue Be-ranger, 75003

파사쥬 푸토 Passage Puteaux
★
33, rue de l'Arcade에서 18, rue pasquier, 75008

갤러리 마들렌 Galerie de la Madeleine
★★
9, place de la Madeleine에서 30, rue Boissy d'Anglas, 75008

상젤리제 아케이드 Archade des Champs-Elysees
★★
76-78, Avenue des Champs-Elysees에서 59, rue de Ponthieu, 75008

근대의 출발을 알린 백화점
봉막쉐

나는 어릴 적부터 백화점을 무척 좋아했다. 초등학교 시절 강남 뉴코아백화점에 반해
강남으로 이사 오자고 조르던 그런 아이였고, 대학 시절 교대역에서 내려
집으로 가려면 꼭 삼풍백화점을 지나쳐야 했기 때문이기도 하지만,
하루에 적어도 한 번은 백화점에 가는 학생이었기 때문에
나의 첫 직장도 백화점이었다.

백화점은 항상 새로운 트렌드를 이끌어 가는 곳이라 싫증을 잘 내는 내 성격에는 즐기기 제일 좋은 곳이었다. 그런데 파리에서는 백화점이 한국에서와 같이 쾌적하고 세련되고 그리 시크한 곳만은 아니었다. 단체 관광객을 태운 큰 버스가 줄지어 서 있고 여기서 내린 관광객으로 인해 백화점은 항상 붐비기는 하지만 무엇인가 격이 있거나 새로운 트렌드를 제안하고 이끄는 곳이 아니었다. 그냥 평범하고 잘 팔리는 물건만을 대량으로 진열해 놓고 판다는 느낌이 들었다.

하지만 센 강 좌^左안, 즉 리브고쉬^{RIVE GAUCHE}에 자리 잡은 백화점 봉막쉐^{BON MARCHÉ} 는 달랐다. 센 강 우^右안^{RIVE DROIT}의 갤러리 라파예트^{GALERIES LAFAYETTE}와 쁘렝땅^{PRINT-EMPS} 백화점과 함께 프랑스 3대 백화점으로 꼽히는 봉막쉐는 아직까지는 관광객이 아닌, 현재 유일한 파리지엥들의 백화점이라 할 수 있다. 관광객보다는 파리의 멋쟁이 여성들을 많이 볼 수 있고 외국인들이라고 해도 주로 직업상 새로움을 창조해 내는 그런 세련됨을 가진 사람 위주로 시장조사차 방문하는 것 같은 느낌이다. 봉막쉐 백화점은 1852년 부시코^{ARISTIDE BOUCICAUT}에 의해 세워진 세계 최초의 백화점이다. 19세기 근대 산업혁명 및 파리근대화의 산물이었던 봉막쉐는 파리 최대의 사교 살롱이미지를 가지고 당시 여성들의 소비 욕망 분출구이자 유희의 장소가 되었다. 더구나 구스타브 에펠^{GUSTAVE EIFFEL}이 에펠탑을 짓기 전 봉막쉐의 신관 건축을 담당하여 당시로서는 선진적 소재인 철골과 유리를 사용하여 조성한 크리스털 홀^{HALL}은 진정한 소비의 천국 이미지를 구사했다고 한다. 이에 걸맞게 당시 유명 작가

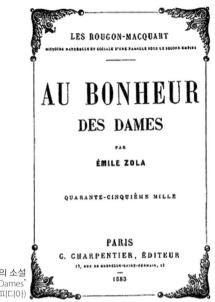

에밀 졸라Emile Zola의 소설
'여인들의 행복Au Bonheur des Dames'
(출처: 위키피디아)

인 에밀 졸라EMILE ZOLA가 봉막쉐를 소재로 '여인들의 행복AU BONHEUR DES DAMES'을 썼을
정도로 센세이션을 일으킨 곳이니 지금도 그 영향을 가늠해 볼 수 있을 거 같다.

봉막쉐의 이름을 우리말로 해석하자면 '좋은 가격, 저렴한 가격'인데, 이에 걸맞게
부시코는 당시로는 혁명적인 운영 시스템으로 '정찰제'와 '자유로운 반품' 서비스
를 제안했다. 또한, 현대의 백화점 판촉 운영의 근간이 되는 카탈로그 제작과 배
달 서비스 등 프로모션을 다양하게 개발·제안했으며, 재고 관리를 위해 세일 제도
도 도입했다. 지금도 최고급 제품 컬렉션과 유니크UNIQUE한 서비스 영역으로 비교
적 익스클루시브EXCLUSIVE한 스토어로 통한다.

또한, 1996년부터 루이뷔통LOUIS VUITTON을 소유한 그룹 LVMH가 인수한 이후로 파
리지엥들을 위한 진정한 예술, 문화, 쇼핑 공간으로 제안하고 있다. 보다 품격 높
고 크리에이티브하며 진정한 가치를 가진 창의성 높은 제품들을 엄선해서 멀티숍
형태로 스토리를 전개하듯 제품을 진열·제안한다. 샹젤리제 루이뷔통 갤러리(루이

뷔통에서 운영하는 미술관으로 한국인 작가들의 작품들도 가끔씩 전시된다)와 같은 느낌으로 패션, 영화, 디자인을 테마로 다양한 문화 이벤트도 제안하고 있으며 층층이 진열된 작가들의 작품 등도 부담 없이 감상할 수 있는 곳이다.

2층(우리로 치자면 3층)에 위치한 북코너BOOK STORE 또한 여유로움을 안겨 주는 곳이다. 북코너에 전시된 책들만 둘러보아도 파리지엥들이 무엇을 생각하며 어떻게 생활하는지를 엿볼 수 있다. 책을 보다 힘이 들면 그 옆 카페에 앉아 샌드위치나 패스트리와 함께 에스프레소를 한 잔 즐겨도 좋다.

봉막쉐의 진수는 별관 0층(우리한테는 1층)에 있는 '르 그랑 에피세리 드 파리LE GRAND ÉPICERIE DE PARIS'다. 이 식품관은 요리를 좋아하고 그래서 식재료에 대한 관심이 많았던 나에게는 별천지 같은 곳이었다. 각종 샴페인과 와인은 물론 파리에서 대표되는 다양한 패스트리, 각 나라의 식료품, 직접 주문해서 바로 테이크 아웃을 할 수 있는 카페테리아 등 식도락 천국이다. 이곳 와인 숍에는 한국말을 하는 젊은 프랑스 점원(?)이 있었는데, 나에게 '불고기에 어울리는 와인이에요' 하면서 보르도산 와인을 추천해 주어 반가운 나머지 바로 구매했던 추억도 있다. 진정한 파리지엥들의 백화점이며 삶의 현장이기 때문에 그들의 삶을 엿볼 수 있을 뿐만 아니라, 백화점 내 그들의 패션과 차림을 유심히 살피다 보면 파리 패션 트렌드도 짐작할 수 있을 만큼 멋쟁이들도 많아 좋다.

반면, 파리에는 개성 있는 콘셉트의 백화점이 또 하나 있다. 파리, 시청광장과 마주하고 있는 베아쉬베BHV, BAZAR DE HÔTEL DE VILLE 백화점.

이름 또한 해석해 보면 '파리 시청市廳의 상점(바자BAZAR)이다. 관광뿐 아니라 파리지엥들의 명소인 마레지구에 가기 위해서는 지하철 1호선 '생폴SAINT PAUL' 역에서 내리게 되는데, 한 정거장을 못 가서 내리면 바로 시청역HÔTEL DE VILLE이다.

이곳 시청광장은 겨울에는 스케이트장으로 변신할 뿐 아니라, 한 달에도 몇 번씩 각종 다양한 행사와 이벤트가 벌어져 항상 많은 이들을 불러 모으는 곳이다. 찬찬히 살펴보면 서울시의 많은 시스템들이 프랑스 파리에서부터 들어왔다는 것을 알 수 있는데, 시청광장이나 시내버스 운영 등이 서울의 것과 많이 유사하다.

이런 광장 바로 옆에 '베아쉐베BHV'가 자리 잡고 있는데, 이름과는 달리 시청과 아무런 연관이 없는 백화점이다. 이곳은 화장품과 여성의류 등도 마련되어 있지만, 다른 백화점들과의 차별점은 각종 미술 공구와 DIY 재료 부품, 그리고 생활용품이 강하다는 것이다. 소소한 문구용품은 물론 전문가들이 필요로 하는 다양한 미술용품들이 총집합되어 있다. 소위 한국에서 말하는 수입지輸入紙들이 즐비하게 진열되어 있고 각종 펜 종류, 작업을 돕는 다양한 아이템들은 미술에 전혀 소질이 없는 나에게도 구매 충동을 일으킨다. 하지만 베아쉐베의 진수는 지하 1층에 자리 잡은 브리콜로 카페BRICOLO CAFÉ이다. 처음 이곳에 들어서면 공구상을 떠올리게 되는데, DIYDO IT YOURSELF에 관심 있는 사람이면 자신들이 만들어 낼 작품을 상상하며 머물 수 있는 곳이다. 매장 구석에 가면 어릴 적 보던 목공소 같은 곳이 있는데, 구매한 패널 등을 우리가 원하는 크기와 모양으로 잘라 주기도 한다. 시내 한복판에 이러한 매장이 들어서 있다는 자체만으로도 이들이 DIY를 얼마나 즐기고 있는지를 알 수 있다. 사실, 인건비가 비싸기도 해서 DIY가 발달했겠지만, 자신 스스로가 원하는 것을 만들 수 있는 재주와 그들의 여유로운 삶이 기반이 되기 때문에 가능한 일이라 생각된다.

BHV에서 '휘드텅쁠RUE DU TEMPLE' 길로 나와서 이 길을 따라 올라가다 보면 각종 액세서리 소재 도매상들이 가득하다. 지인들과 묵주 팔찌를 만들고자 이곳을 찾아다니며 진주 구슬과 소재들을 구입하던 기억이 있는데, 대부분 도매상이긴 하지만, 간간이 소매를 하는 곳을 찾으면 샤넬식 진주 목걸이를 만들 만한 소재들을 구입할 수 있다. 휘드텅쁠에서 몽모렁씨MONTMORENCY 길을 따라 나와 '휘보버그RUE BEAUBOURG'를 따라 위로 올라가면 핸드백과 가방 도매상들이 즐비하다. 명품과 유사한 디자인과 소재들로 만들어진 다양한 컬러의 전시된 제품들을 보면서 역시나 핸드백을 좋아하는 파리지엥들을 느끼게 된다. 비싸지는 않아도 항상 자신의 차림과 어울리는 핸드백과 구두를 착용하는 파리지엥들의 세련됨이 이러한 매장들에서 나오는 것이 아닌가 싶다.

↥ 봉막쉐 백화점 Le Bon Marché rive gauche

Metro 10호선 또는 12호선을 타고 'Sèvres-Babylone'에서 하차
월~수 10:00~19:30, 목 10:00~21:00, 금 10:00~20:00, 토 09:30~20:00, 일요일 휴무
24, Rue de Sevres, 75007, Paris

↥ BHV Bazar de Hôtel de Ville

Metro 1호선을 타고 'Hôtel de Ville'에서 하차
월, 화, 목, 금 09:30~19:30, 수 09:30~21:00, 토 09:30~20:00, 일요일 휴무
52, Rue de Rivoli, 75004, Paris

↥ 각종 도매상 거리

액세서리 도매상
58~20, Rue du Temple, 75003, Paris / Ⓜ11 Rambuteau or Ⓜ3 Arts et Metiers

가방 도매상
22~90, Rue Beaubourg, 75003, Paris / Ⓜ11 Rambuteau or Ⓜ3 Temple

의류 도매상
82~280, Rue Saint Denis, 75002 / Ⓜ9 Reaumur Sebastopol
2, Rue du Caire~Place de Caire / Ⓜ9 Sentier

1900년 파리 만국박람회의 모습(출처: 위키피디아)

전시회의 천국, 파리

파리는 전시회 천국이다. 크고 작은 전시회, 즉 박람회가 연간 200개 가까이 열린다. 파리라는 이름에 걸맞게 오뜨꾸뛰르, 프레타 포르테PRÊT A PORTER 등 다양한 패션 관련 외에도 대학(원) 소개, 애완동물박람회까지 그 종류가 꽤 많다. 파리 지금의 모습이 19세기 말 파리 만국박람회의 결과물이었다는 사실 때문인지 이곳에서 열리는 박람회, 전시회가 더 의미 깊게 느껴진다.

만국박람회는 1851년 런던에서부터 시작되었다. 프랑스인들에 의하면 이에 대한 아이디어는 프랑스에서 먼저 제안했으나, 영국이 제1회 만국박람회를 가로챘다며 비난을 한다. 여하튼, 만국박람회는 거의 격년으로 유럽과 미국의 도시에서 열리게 되었는데, 당시 커다란 볼거리일 뿐 아니라 참여국들이 산업혁명과 식민지를 근간으로 얻은 부를 통해 발명된 새로운 기계와 산업제품, 신소재 기술을 서로 다투며 과시하는, 근대 사회를 대표하는 중요한 이벤트였다.

"2월에 파리에 온다면 반드시 '농업박람회'를
가 보라고 권하고 싶다"

더구나 파리 만국박람회 유치를 위해 도로를 닦고 당시 획기적인 신소재인 철골로 에펠탑과 샤이오 궁을 세우고 샹젤리제를 비롯한 그랑팔레GRAND PALAIS와 쁘띠팔레PETIT PALAIS 등을 정비하는 등 현재 파리의 모습을 만들었으니, 지금의 파리가 박람회의 산물이라 보아도 무리가 되지 않을 것 같다. 그래서 지금도 파리에서 열리는 박람회를 보는 것은 이곳에서 즐길 수 있는 혜택 중 하나인데, 비교적 규모도 크고 유익한 박람회로는 세계농업박람회, 파리 만국박람회, 메종에오브제, 작지만 재미있고 색다른 경험이 되는 초콜릿박람회 등이 있다.

파리에 와서 매년 농업박람회LE SALON INTERNATIONAL DE L'AGRICULTURE에 참석할 때마다 느끼는 점은 '프랑스는 패션국가가 아닌 농업국가'라는 것이었다. 엄연히 파리PARIS와 프랑스는 다르다. 파리는 패션도시이지만, 프랑스는 패션국가가 아니다. 파리는 프랑스 전체를 대표하기에는 역부족이다. 우리가 생각한 것 이상으로 프랑스는 지방별로 특색도 강하고 고유한 전통을 잘 지켜 브랜드화에 성공한 나라 중 하나다. 이 박람회는 매년 2월 마지막 주 토요일부터 9일간 열리는데, 금년(2012년)으로 49회째를 맞이한다. 프랑스뿐 아니라 전 세계 농업 관련 종사자들이 정보 교류의 장으로 시작된 이 행사는 매년 65만 명 이상의 관람객을 유치한다고 한다. 프랑스가 농업을 중시하는 정서를 반영하듯 개회사는 대통령이 진행하며 주요 정치인사들은 물론, 금년에는 대선이 있어서 그런지 모든 대통령 후보들이 방문을 했다. 이들의 행보가 이러니 언론에서는 끊임없이 '농업박람회'에 대한 뉴스와 행사 안내 등이 지속적으로 방영되면서 자연스럽게 홍보가 된다.

행사장에 가 보니 서너 개의 방송국, 특히 라디오 방송국에서는 아예 생방송 스튜디오를 차려 놓고 시간대별로 번갈아 참여하는 패널들과 토론하고, 행사를 안내하고, 음악을 내보내고 있었다. 이는 행사에 대한 위력과 얼마나 이 행사를 중요시하는가를 가늠할 수 있는 장면들이다. 예전에도 그랬지만 '부럽다'는 생각만 들고 전 세계가 식량파동에 휩쓸려도 프랑스인들만은 자신들의 농산물을 가지고 살아남을 수 있으리라 생각되었다.

행사장에는 각종 가축류, 즉 소, 젖소, 돼지, 양, 염소, 닭, 오리, 말, 개, 토끼 등 종류도 다양하게 전시(?)되어 많은 아이들의 호기심과 관심을 받는다. 잘 키워진 소나 돼지 등등은 경연대회CONCOUR(콩쿠르)에서 메달을 타고 3장색(?) 띠를 두르고 (행사기간에 새로 마련된 그들의 외양간에서) 전시되고 잠도 자고 그러면서 지낸다. 엄마소의 경연장에 따라온 송아지도 식사 때가 되었는지 엄마소 곁으로 옮겨져 와 젖을 먹는다. 어린아이들은 신기한 듯 사진도 찍고 만져도 보고. 아이들을 위한 가축 판매 공간도 있다. 토끼, 닭, 비둘기, 토끼 등이 행사장에서 판매도 된다. 또한 아이들을 위한 교육 공간이 총 6개 홀 중 1개의 행사장으로 마련되어 있었다. 각 기업의 후원으로 밀, 콩, 옥수수 등등이 어떻게 자라고 사용되는지, 더구나 미래 재생 에너지로 어떻게 활용되는지를 보여 주며 농업의 중요성을 체험하며 스스로 깨닫게 한다. 어린 시절부터 이러한 행사장을 다니며 직접 만져 보고 눈으로 느끼며 농업에 대한 친근감을 키우게 해 주는, 또한 그 어마어마한 규모를 통해 농업이 그들의 삶 속에 어떻게 영향을 주는지를 일깨워 주는 농업박람회를 보면서 또 한 번 프랑스인들에 대한 존경심과 부러움에 고개가 떨어뜨려짐을 느꼈다.

1차 산업이라고만 생각되는 농축산품 행사장을 벗어나면 가공식품과 농업 관련 서비스와 업종에 대한 안내 행사장이 이어진다. 농업이 1차 산업에만 머무는 것이 아니라 그를 통해 이루어지는 다양한 서비스와 직업을 소개함으로써 젊은 층들의 참여와 관심을 유도한다.

알프스 지역에서 주로 먹는 라클레트Raclette 치즈 샌드위치 매장

농업박람회의 가장 큰 볼거리와 즐길거리는 뭐니뭐니해도 먹을거리다. 프랑스 전 지역에서 생산되는 와인, 치즈, 해산물, 요거트, 각종 제과류 등등을 먹어 보고 비교하며 즐길 수 있다. 파리 근교, 루아르, 알자스, 부르고뉴, 보르도가 있는 아키텐, 바스크, 피레네, 수드 웨스트(프랑스 남서쪽), 프로방스, 브레타뉴, 노르망디 등등 지

└, 열선에 녹아 내리는 라클레트 치즈를 긁어 바게트에 담아 볶은 양파 등과 함께 먹는 샌드위치

역별로 공간이 나뉘어 있다. 그래서 각 지역 특산물뿐만 아니라 와인이나 시드르와
더불어 식사도 즐길 수 있다. 특히, 우리 모녀에게 가장 즐거웠고 유익했던 것은 각
지역에서 나온 마카롱을 비교하며 먹어 볼 수 있었다는 점이다. 지난 3년간 각 지방
을 여행 다니며 먹어 본 것을 한번에 다시 시도해 볼 수 있는 좋은 기회였다.

이러한 프랑스 지역 특산물 외에 러시아 캐비어와 보드카, 스위스, 이탈리아 등 유럽 각지의 음식, 중동 음식(민트티, 중동 과자류 등), 일본 제품 등도 많이 전시되어 있었다. 보다 특이한 것은 마다카스카르MADAGASCAR, 타히티TAHITI 등 과거 프랑스령이었던, 또한 현재 프랑스의 영역으로 되어 있는 곳들도 이국적인 과일과 음식, 주류 등을 가지고 나와 많은 사람들의 인기를 얻었던 모습이다. 또 한 가지 잊을 수 없는 장면은 브레타뉴 어부아저씨들의 합창단, 오브락 지방 농부아저씨들의 합창단에서 들려주는 아카펠라 생음악 공연이었다. 프랑스인들은 장인정신이 강한 것 같다. 빵을 구워도, 초콜릿을 만들어도, 과자를 구워도, 치즈를 만들어도, 소를 키워 내도 모두 자신의 일에 충실할 수 있도록 사회적 뒷받침*과 인식이 되기 때문에 그들의 직업에 충실하면서 즐기는 그들의 음악은 그들의 진정한 행복이 아닌가 싶다.

* 해당 직종에 따른 각종 콩쿠르Concour를 통해 자신의 전문분야에 최대의 노력을 기울이도록 이끌며, 각종 조합 등으로 자신들의 일을 보호받을 수 있고 그들이 생산해 낸 것들을 브랜드화하여 상품력, 경쟁력을 확보한다. 또한, 연금 등의 사회적 제도 장치로 노후에 대한 큰 두려움 없기 때문에 자기분야에 충실할 수 있어 보인다.

◀▶ 지역별로 다양한 컬러와 맛의 마카롱

Litchi

macarons
à L'ancienne
7 €40 LES 100 GR

관자 꼬치구이와 화이트 와인을 함께 즐길 수 있다.

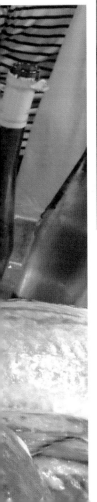

알자스 지방의 마카롱

Coopérative de Producteurs
Les Salines de Guérande

Sel de Guérande
Le Guérandais

www.seldeguerande.com

프로페셔널들의 장場,
메종에 오브제Maison et Objet

가구를 비롯하여 테이블 웨어, 홈패션, 욕실가구, 조명, 각종 데코레이션 오브제 등을 중심으로 하는 메종에 오브제MAISON ET OBJET는 세계 유명 브랜드는 물론 젊은 디자이너들의 참신한 아틀리에 디자인 작품들을 선보이는 곳이다. 매년 1월과 9월에 열리는 이 행사는 매해 8만 명 이상의 방문객이 있는데, 이제 한국에서도 많이 알려져 있어 시즌 때에는 한국 바이어들의 파리 방문도 많아졌다. 2000년과 2010년에는 필립스탁이 '크리에이터CREATEUR MAISON ET OBJET'에 선정되기도 한 이 행사는 실질적인 비즈니스 활동이 이루어지는 무대이기 때문에 관람예약을 한 바이어와 업체만이 참여가 가능하고 입장료 또한 다른 전시회의 4~5배나 된다.

초콜릿 박람회Salon du Chocolat

갖가지 엑스포 중 매년 가을에 열리는 초콜릿 쇼는 겨울에 접어들며 느끼기 쉬운 파리지엥들의 우울함을 달래 주기에 좋은 행사이다. 2월에 처음 파리에 와서 스산한 날씨와 항상 구름 끼고 부슬비가 오는 하늘 때문에 한국에서 느끼지 못했던 날씨로 인한 우울함을 느꼈는데, 아니나 다를까 유럽인들은 겨울에 우울증에 많이 걸린다고 한다. 그래서 이들은 5월부터 8월까지의 화창한 날씨를 너무도 고마워하며 최대한 즐기려 노력한다.

그런데 그러한 계절이 지나가면 파리의 상점들에는 바로 와인과 초콜릿이 가득 전시되기 시작했다. 이는 그들의 우울함을 와인과 달콤한 초콜릿으로 달래기 위해서인데, 이에 맞추어 매년 10월에는 파리에서 초콜릿 박람회가 열린다. 이 행사는 파리는 물론 프랑스의 주요 5대 도시(보르도, 칸, 릴, 리옹, 마르세유)에서도 열

리며 최근에는 뉴욕, 파리, 도쿄, 상하이 등의 세계 대도시에서도 열리고 있다. 전 세계적으로 유명한 수제 초콜릿 브랜드 등이 초콜릿과 관련된 다양한 아이템 등을 가지고 나와 전시하며 시연은 물론 초콜릿으로 만든 옷으로 패션쇼까지 제공한다. 세계에서 생산되는 최고급 카카오의 80%가 프랑스와 스위스로 수입된다고 하니 원료 자체가 최상인 만큼 초콜릿 그 맛 또한 느끼하지 않은 진한 맛을 낸다. 맛에 뒤질까 각양각색의 색깔과 디자인으로 조각되고 포장된 초콜릿 아트^{ART}가 등장하는 초콜릿 박람회는 업계 관련자 외 아이들에게도 축제의 장이 된다. 각 브랜드 부스별로 제공되는 시식용 초콜릿을 받기 위해 이곳에 참여하는 아이들은 언제나 바구니 한 개씩은 들고 간다. 행사장을 돌며 시식하고 시식용 초콜릿을 받으면 행사장을 나올 즈음에는 초콜릿이 한 바구니이다. 또한 어른들에게는 12월 크리스마스를 대비하여 선물용 초콜릿을 다량으로 사전 구입하는 장소이기도 하다. 시중가보다도 20% 이상 저렴하게 구입할 수 있으므로 가족 최대의 명절인 크리스마스 선물 준비를 위해 방문하는 사람들도 많다.

🔼 파리의 전시회

농업박람회 Salon International de L'Agriculture
매년 2월
www.salon-agriculture.com

메종에 오브제 Maison et Objet
매년 1월, 9월
www.maison-objet.com

파리박람회 Fois de Paris
매년 5월 초, 10월 말
www.foiredeparis.fr

초콜릿박람회 Salon du Chocolat
매년 10월 말
www.salonduchocolat.fr

tout chocolat
tout se mange !

St MALO

파리의 오래된 전통시장이 있는 5구의 무프타 거리Rue Mouffetard

파리지엥의 참맛을
느낄 수 있는 거리

파리에는 인기 있는 거리가 참 많다. 그래서 항상 지도를 펴 들며 여기저기 두리번거리는 관광객들로 붐빈다. 마레지구, 무프타 거리, 노트르담 성당 주변의 라틴 LATIN 거리 등등 불어를 사용하는 사람들보다 영어를 하는 사람들이 더 많이 눈에 띈다. 그런데 희한하게도 그곳에서 한 블록만 지나가도 관광객들의 자취가 딱 끊기는 곳이 있다. 예를 들어, 샹젤리제의 가득한 관광객들은 몽테뉴MONTAGNE 거리로는 그리 많이 유입되지 않고, 오히려 럭셔리한 차림의 파리지엥들의 모습을 볼 수 있다. 관광객들이 아닌 파리지엥들이 거닐고 생활하는 그런 곳들을 알게 되고 친숙해지는 것도 파리에 살며 얻은 작은 소득이다. 그래서 내가 좋아하는, 내가 많이 다닌, 나의 추억이 있는 그런 '나의 거리'가 파리에도 생겼다. 예를 들면, 학교를 다니며 1년여 걸어다니던 16구에 위치한 '휘드라 뽐쁘RUE DE LA POMPE', 작지만 파리지엥들의 소박한 삶들이 보이는 6구의 '휘드 쉐세미디RUE DE CHERCHE-MIDI'는 파리의 어느 거리들보다 나에게는 소중하고 아름답다.

서울이 한강을 중심으로 강남과 강북으로 나뉘듯 파리는 센 강을 중심으로 우안(리브두앗RIVE DROIT)과 좌안(리브고쉬RIVE GAUCHE)으로 나뉜다. 센 강 우안에는 엘리제 궁을 비롯하여 인접한 샹젤리제와 샹토호노레ST. HONORÉ 거리에서 과거 귀족들의 삶을 엿볼 수 있는 건물과 명품브랜드 숍들이 있다. 또한, 우안의 16구는 19세기 신흥 부르주아들이 모여 이룬 신도시로 당시 건물들이 현재까지 내려오는 100여 년 된 보수파들의 터전이다. 반면, 좌안은 소르본 대학과 생 제르망 데프레, 몽파르나스 등이 대표적인 곳으로 젊음과 예술, 진보와 개혁을 상징하는 곳이다. 우리집 앞에 있는 다리PONT GRENELLE 하나 사이로 15구와 16구로 나뉘는데, 마치 '옥수동에서 압구정동이 보인다'라는 제목처럼 우리집 창문을 통해 16구 부촌을 바라보며 그들의 멋진 주택들을 감상하게 된다.

나의 거리 16구의
휘드라 뽐쁘rue de la pompe

관광객의 발길이 잘 닿지 않는 곳이기도 한 이곳은 나름 오래된 파리지엥들의 생활이 녹아 있다. 주택가를 걸으며 그들의 건물과 건물에 있는 상점들을 바라보며 많은 궁금증을 갖게 된다. 왜 이들 주택가에는 미용실이 많은 걸까? 꽃집이 많은 이유는? 이런저런 생각을 하며 거닐다 보면 몇 십 년 이상된 빵집(일명 블랑제리)에 앉아 커피와 크로와상을 먹기도 하고 가게 안에 전시되어 있는 가게가 변해 온 흑백 사진들을 보며 정겨워하기도 한다.

특히 16구에서도 내가 좋아하는 거리는 '휘드라 뽐쁘RUE DE LA POMPE'이다. 최근에는 관광객들에게 16구 파씨PASSY가 제법 알려지고 있는 것 같은데, 나에게는 그러한 쇼핑거리보다는 이들의 삶 속을 조금이나마 더 가까이에서 볼 수 있는 주택가의 거리가 더 재미있다. 더구나 1년여 간 학교를 다니며 걸었던 거리라 나에게는 파리의 어느 거리보다도 정이 많이 들었다. 1800년대 말 대표적 건축양식인 '오스만 양식'의 주택들은 건물 1층에 상점들이 있는데, 그래서 그런지 이러한 주택가를 거니는 것도 심심하지 않다. 사실 바로 옆 큰 길인 에비뉴 빅토르 위고AVENUE VITOR HUGO와 같이 유명 브랜드의 숍들이 있는 것은 아니지만, 파리에서 부촌富村으로 통하는 16구 주민들의 생활패턴을 엿볼 수 있는 곳이다. 더구나 이곳 16구는 1800년대 말 부르주아층들이 이주하며 새로이 개발된 신도시였기 때문에 파리의 전통 부유층들이 많고 주민들의 연령대도 꽤 높은 편이다. 그래서 심심치 않게 멋진 할머니, 할아버지들을 많이 볼 수 있다.

파리에는 빵집, 약국, 미용실, 꽃집이 참 많다. 당연 빵이 주식이고 항상 갓 구운 바게트나 크로와상을 매 끼 먹는 것이 그들의 식문화이니 어디든 빵집이 많다. 반면, 프랑스로부터 한국이 수입하는 품목 중 가장 많은 부류가 화학제품이라는 새로이 알게 된 사실처럼 프랑스는 단연 '화학化學국가'이다. 곧, 물이 좋지 않다 보니 각종 약품은 물론 화장품 등 화학제품이 꽤 발전한 나라이다. 그래서 각양각색의 약도 많고 기타 건강을 위한 제품, 약국용 화장품들을 판매하는 약국이 많은 편이다. 꽃도 좋아하다 보니 플로리스트를 꿈꾸는 젊은이들도 많고 이에 따라 꽃가게도 눈에 많이 띈다. 그러나 특히 미용실은 패션의 도시이니 당연 많으리라 생각하지만, 그 이면에는 또 다른 스토리가 있었다. 프랑스 물은 석회수다. 그래서 프랑스인들은 먹는 물도 조심하지만 설詵에 의하면 탈모방지를 위해 목욕도 잘 하지 않는다고 한다. 그러다 보니 일주일에 1회 정도 머리를 감게 되는데, 특히 연세가 많으신 어르신들은 주 1회 미용실에 들러 머리도 감고 드라이도 하는 것이 그분들의 소일거리 중 하나라고 한다. 그러니 동네마다 작고 많은 미용실들이 운영되는 것 같다.

휘드라 뽐쁘에는 소위 빈티지 숍이라는 중고용품을 사고파는 '흐시프로끄RECIP-ROQUE' 매장이 있는데, 이 길에만 총 6개의 매장을 가지고 있다. 예를 들어, 각종 예술품 및 장식용품을 파는 매장에서부터 남/여성용 의류와 액세서리, 스포츠용품 및 보석과 선글라스, 장갑 등을 파는 곳까지 다양하다. 프랑스인들은 그들이 사용했던 물품을 이곳 빈티지 숍(일명 '위탁판매매장DÉPÔT& VENTE)에 판매 의뢰하고 이 상품이 판매가 되면 매장은 수수료를 받게 된다. 중고라 해도 고가이기 때문에 매장에서는 위탁판매를 해 주고 있다. 그래서 그런지 자주 입을 것 같지 않은 영화에서나 보는 파티복들도 눈에 많이 띄고, 이에 걸맞은 구두와 핸드백도 매우 개성이 강하다. 16구 주민들의 수준을 나타내듯 각종 글로벌 유명 브랜드의 정장이나 구두, 부츠, 핸드백 등을 비롯해 스카프, 액세서리 등이 가득한데, 시간적 여유를 가지고 찬찬히 고르다 보면 나름 큰 수확을 거둘 수 있다.

나의 거리 6구의
휘드 쉐세미디rue du cherche-midi

반면, 내가 좋아하는 좌안RIVE GAUCHE에 있는 거리는 '휘드 쉐세미디'RUE DU CHERCHE-MIDI'이다. 봉막쉐 백화점에서 한 블록 떨어진 거리이기도 한 '휘드 쉐세미디'는 1932년에 세워진 '푸알란POILÂNE'이라는 빵집도 유명하고 홈메이드 케이크와 차를 마실 수 있는 살롱드 떼SALON DE THÉ인 '마미가또MAMIE GÂTEAU', 중고 빈티지 숍 '쉐세미니프스CHERCHEMINIPPES' 등이 있다. 또한, 인테리어 숍으로 유명한 '미졍드메르MIS EN DEMEURE'도 있어 파리지엥들이 선호하는 가구와 인테리어 트렌드를 감상할 수 있다.

이 길은 지하철 10호선 세브르바빌론SÈVRE-BABYLON에서 내려 쁠라스 엠드브르PLACE M. DEBRE에서 시작되는데, 작은 골목길 내에 있는 관련 상점들만을 보아도 파리지엥들이 무엇을 먹고 입고 신고 또한 어떤 것을 선호하는지를 한 번에 느낄 수 있다. 이 거리의 중요 큰 특징은 16구와 비슷하게 앤티크와 빈티지 숍들이 많다는 점이다. 특히 멋쟁이들을 위한 구두가게들 또한 이목을 끈다. 파리지엥들이 좋아하는 초콜릿 숍으로, 1761년 시작한 '라메르 드 파미유LA MÈRE DE FAMILLE'도 있고 커피전문점인 '꼼뚜아 드 리샤드COMPTOIRS DE RICHARD'도 접할 수 있다. 빵집 '푸알란POILÂNE'은 아직도 나무화덕에 빵을 구워 내고 있고 그 모양도 바게트처럼 긴 모양이 아닌 재래식 빵처럼 둥글고 넙적하며, 투박한 모양이다. 특히, 푸알란을 대표하듯 'P'가 커다랗게 새겨져 있고 맛 또한 시큼한 것을 특징으로 하고 있어 일본 관광객들의 방문이 끊임없이 이어지는 곳이다.

1932년에 세워진 빵집 '푸알란Poilâne'
아직도 나무화덕으로 빵을 구워내고 있어
관광객들에게 인기가 좋다.

구두 쇼윈도들을 구경하며 지나다 보면 블루바르드 하스펠BOULEVARD RAPAIL이라는 큰 도로에 다다르는데, 이곳의 인테리어 숍 '미정드메르'도 구경거리이다. 프랑스 하면 대부분 앤티크 가구를 선호한다고 생각하겠지만, 의외로 전통적인 외벽 건물에 비하여 집안 내부는 상당히 모던한 디자인으로 꾸미는 사람들이 많다. 그래서 파리에는 전통 앤티크 가구점보다는 컨템퍼러리한 혹은 세미 모던한 가구와 인테리어 제품이 많은데, 이 숍에는 소품, 테이블웨어부터 가구까지 총망라하여 전시가 되어 있어 한눈에 파리지엥들이 집을 어떻게 디자인하고 장식하는지 알아볼 수 있다.

하스펠RASPAIL 도로를 건너 계속 이어지는 '쉐세미디'에 들어서면 1761년에 세워진 파리에서 가장 오래된 초콜릿 숍 '라메르 드 파미유LA MÈRE DE FAMILLE'가 작은 규모지만, 갖가지 초콜릿과 말린 과일 종류들을 전시하고 있다. 본점35, RUE DE FAUBOURG-MONTMARTE, 75009처럼 앤티크스럽거나 과거부터 이어져 오는 가구나 도구는 전시되어 있지 않지만, 과일향이나 캔디맛의 독특한 초콜릿을 맛볼 수 있어 바쁜 여행 중 좋은 추억이 된다.

조금 더 걸어가다 맞은편을 지나면 파리 카페들에서 라바짜 LAVAZA 다음으로 많이 이용하는, '꼼뚜아 드 리샤드 COMPTOIRS RICHARD'라는 트래디셔널 커피 전문점이 있다. 1892년부터 시작된 이 브랜드는 커피는 물론 각종 티와 티포트나 커피메이커 등을 비롯한 커피 관련 도구들을 예쁘게 전시하여 브랜드 문화와 감성을 느끼게 할 뿐 아니라, 홈메이드 잼류나 비스킷, 초콜릿 등도 맛볼 수 있고 기념품으로 한두 개쯤 챙기는 것도 좋다.

계속 이 길을 따라가다 보면 '마미가또'라는 홈메이드 케이크와 차를 즐길 수 있는 살롱 드 떼가 나온다. 벼룩시장(브로깡트)에서 모은 각종 티잔과 받침, 액세서리 등으로 장식되어 있어 마치 프로방스의 시골마을 오래된 식당에 들어간 느낌이다. 인기 있는 홈메이드 케이크, 특히 초콜릿 케이크는 일찍 소진되면 먹기가 힘들다. 나 같은 경우에는 미국식 당근 케이크를 맛볼 수 있어 자주 들른다. 케이크 위에 아이싱도 맛있고 생각보다 덜 달아 먹기도 편하다. 프랑스 스타일과는 다르게 푸짐하게 큰 사발모양의 컵에 담아 주는 카페오레와 함께 먹는 재미도 파리를 떠날 때쯤 알게 되었다. 낮에는 간단한 식사도 되는데, 예를 들어 프랑스인들의 점심

메뉴 중 하나인 '끼쉬QUISH'-생크림과 계란, 베이컨(라르동), 양파, 때로는 시금치도 넣어 만든 두툼하고 짭짤한 케이크-와 샐러드 등이 있어 신속하게 먹을 수 있다.

계속해서 걸어 올라가다 보면 벼룩시장에서나 볼 수 있는 제품들만을 판매하는 앤티크 숍들이 계속 눈에 띈다. 큰 책상 등 가구만을 판매하는 앤티크 숍, 작고 아기자기한 소품들을 위주로 한 앤티크 숍 등등, 16구에 비해 비교적 젊은 층이 좋아할 만한, 가격도 그리 비싸지 않은 것들이 많아 부담 없이 구경하며 고를 수 있다.

앤티크 숍 외에 '쉐세미니프스'라는 빈티지 숍이 있는데, 이 거리에만도 같은 이름으로 5개의 숍이 있다. 이는 유아용품, 프랑스 영브랜드, 명품브랜드, 인테리어, 남성용품 등으로 나뉘어 있는데, 명품 브랜드 빈티지 숍에서는 샤넬, 디올, 프라다 등의 핸드백, 의류, 액세서리 등이 다양하게 진열되어 있어 운만 좋으면 착한 가격으로 쇼핑이 가능하다. 마지막으로 이 길 끝자락에 위치한 '책수선집'은 파리에서도 쉽게 보지 못하는 곳인데, 프랑스인들의 옛것을 소중히 하고 간직하려는 생활 습관을 엿볼 수 있다.

⬆ 나의 거리 주요 매장

호시프로끄 Reciproque
빈티지 숍
89~101, Rue de la pompe, 75016

쉐세미니프스 Chercheminippes
빈티지 숍
102, rue de Cherche-Midi, 75006
www.chercheminippes.com

마미가또 Mamie gâteaux
살롱드 떼
66, rue de Cherche Midi, 75006
www.mamie-gâteaux.com

꼼뚜아 드 리샤드 Comptoir de Richard
커피전문점
48, rue du Cherche-MIdi, 75006
www.comptoirsrichard.fr

라메르 드 파미유 la mère de famille
초콜릿 매장
39, rue du Cherche-Midi, 75006
www.lameredefamille.com

푸알란 Poilâne
빵집
8, rue du Cherche-Midi, 75006
www.poilane.com, www.Poilane.fr

미정드메르 Mis en Demeure
가구 및 인테리어
27, rue de Cherche-Midi, 75006
www.misendemeure.fr

CHAPTER 4

맘에 담아 가고 싶은
파리, 그리고 프랑스

퐁텐블로파_가브리엘 데스트레와 그녀의 동생, 루브르 박물관 리슐리외관
여동생이 언니인 가브리엘 데스트레의 젖꼭지를 만지는 장면은
가브리엘이 임신하였음을 상징하고 있다.
또한 가브리엘이 쥐고 있는 반지는 '앙리 4세와의 약혼'을 암시한다.

루브르 박물관의
메디치 갤러리

남편은 좋아도 좋다고, 싫어도 싫다고 표현을 잘 하지 않는 사람이다. 사실 그런 면에서는 나와 반대라 좋아하긴 하지만…. 나처럼 좋은 것은 너무 좋고 싫은 건 죽기보다 싫어하는 성격보다는 항상 중용中庸을 지키는 남편의 모습에서 많이 배우기도 한다. 그런 남편이 파리를 떠나기 며칠 전 꼭 가 보고 싶은 곳이 있다고 했는데, 그곳이 바로 루브르 박물관 리슐리외관 3층, 북유럽 회화 전시관 내 루벤스 RUBENS의 연작 '마리 드 메디치MARIE DE MEDICIS의 생애(24작품)'가 있는 방, 일명 '메디치 갤러리THE MEDICIS GALLERY'였다.

1622년, 이탈리아식 정원과 건축이 특징이라고 하는 뤽상부르 공원JARDIN DU LUXEM-BOURG 내 왕궁을 장식하기 위해 주문된 작품들로 앙리 4세와 마리 드 메디치의 일대기를 그린 총 24개 대작들이 전시되어 있다. 피렌체의 부호답게 마리의 큰 스케일이 짐작될 정도이다. 마리의 탄생에서부터 교육받는 장면, 앙리 4세와의 정략적인 결혼을 위해 큐피드가 마리의 초상화를 전달하는 장면, 하다못해 아들 루이 13세와의 화해 장면 등 총 24개의 대작들을 들여다보면 당시 역사적인 내용을 한 번에 살펴보며 이해할 수 있다. 물론, 역사적 사실을 자세히 알고 그림들을 보게 되면 내용들이 얼마나 과장되고 포장되었는지를 알 수 있지만, 그림 자체로 보면 마리 드 메디치의 일생이 부러워지기만 한다. 더구나 루벤스는 당대 최고의 화가답게 주문자의 의도를 잘 파악하고 만족시킬 수 있는 능력이 있어 보인다. 화려한 색채와 과장된 듯하면서도 역동적인 인물들의 동작, 관능적으로까지 보이는 피부 색상, 더구나 이 모든 기교들과 함께 그리스 신들을 총동원하여 마리 드 메디치의 위엄을 최대한 돋보이고 아름답게 포장하는 기술을 가진 '마케팅의 귀재'로까지 느껴진다.

앞에서도 언급했지만, 마리 드 메디치의 인생은 그림에서 비추어지는 모습과는 달랐다고 한다. 사랑보다는 아마도 마리 드 메디치의 어마어마한 지참금 때문에 이루어진 결혼이었으며, 결혼 후에도 앙리 4세가 정부情婦와의 관계가 지속됨으로써 그 정부인 가브리엘 데스트레가 마리 드 메디치에 의해 암살당했다는 설(說), 어린 나이의 아들, 루이 13세 대신 섭정을 하다 결국은 뒷방마님의 신세가 되었다가 아들을 상대로 쿠데타를 계획한 것이 밝혀짐으로써 해외로 망명하여 삶을 마친 사실 등을 보면 결코 그림을 통해서 비춰지는 호사스러운 마리를 생각하면 안 될 것 같다. 오히려 그러한 역사적 사실을 알고 보니 마리 드 메디치가 숨기고 싶었던 사실들을 애써 감추고자 더 과장하고 포장하려고 했던 것은 아니었나 하는 측은지심이 생긴다. 남편이 이 그림들을 왜 마지막으로 보자고 했는지는 묻지 않았다. 하지만 지난 3년간 파리와 각 유럽의 박물관들을 다니면서 아마도 루벤스의 작품에 많이 친숙해져 있기 때문이 아닌가 싶다. 당대 최고의 화가답게, 얘기에 의하면 외국어에도 능통하고 언변도 좋아 외교관 역할도 할 정도로 인기가 좋았던 화가라서 다작(多作)을 남기다 보니 어느 화가들의 그림보다도 그의 화풍에 쉽게 익숙해진 것은 사실이다. 또한, 호사스러운 색채와 장엄한 장면들을 그려 냄으로써 보는 사람으로 하여금 단번에 작품 속으로 빠져들게 하는 매력이 다시금 이곳으로 발걸음이 가게 한 것 같다.

주문자의 의도에 맞추어 아름답게 포장도 잘할뿐더러 실제 역사적 내용을 반영하고자 했던 루벤스를 보면 소위 요샛말로 '개념'이 있었던 화가인 것 같다. 파리에서의 소득 중 하나라고 할 수 있는 것은 같은 작품을 반복해서 볼 수 있는 기회를 얻을 수 있었고 그러다 보니 생각을 가지고 여유 있게 보게 되고 또 그러다 보니 보지 못했던 것, 알지 못했던 것, 새로운 것을 느끼며 찾을 수 있게 되었다는 점이다. 누가 가르쳐 준 것은 아니지만 스스로 작품을 감상하는 법도 깨닫게 되는 좋은 기회였다. 마지막으로 남편이 이 갤러리를 좋아하는 건 아마도 매우 한적한 분위기에서 작품을 감상할 수 있다는 점이었을 것이다. 복잡하고 북적대는 것을 싫어하는 사람인데, 루브르 박물관은 소파에 앉아 한가롭게 감상할 여유가 있는 곳이기도 하니 좋아할 만하다. 입장하는 사람이 많아 루브르 박물관 입구에서부터 30분여를 기다리다 들어와도 이곳은 언제나 한가하다. 모두들 '모나리자' 혹은 '비너스'를 보러 가나 보다. 그래서 친분이 있는 분들에게는 나름 추천해 주고 싶은 곳이기도 하다.

루벤스_마리 드 메디치의 초상을 받는 앙리 4세, 루브르 박물관

미라보 다리에서 바라보는
에펠탑과 비르하켐 다리

배낭여행을 와 건너 본 퐁네프PONT NEUF가 파리에서의 첫 번째 다리였다. 이어 3년 이라는 시간을 약속하고 온 파리에서 다음으로 건너 본 다리는 미라보MIRABEAU 다리. 미라보 다리는 15구(센 강 좌안)와 16구(센 강 우안)를 잇는 다리이다. 2월 추운 날씨에 저녁 즈음 이 다리를 건너는데, 남편이 '이 다리에서 보는 에펠탑이 가장 멋있게 보이는데……' 하고 얘기를 해 주어 에펠탑을 쳐다보니 정말 적정한 거리와 각도로 인하여 빛을 발하는 그 모습이 멋졌다. 그런데 많은 관광객들은 이곳까지 발걸음하지 못하고 보통은 에펠탑 앞의 레나 다리PONT D'LENA 혹은 조금 더 서쪽으로 걸어 내려와 비르하켐BIR-HAKIEM 혹은 퐁그르넬PONT GRENELLE에서 되돌아 서는 경우가 많아 파리에 사는 동안 그 점이 많이 아쉬웠다. 그래서 만나는 사람마다, 아니 혹은 내가 책이라도 출판하게 되면 이 점은 꼭 이야기해 주어야지 하고 마음먹고 있었다.

미라보 다리에서 보는 에펠탑도 멋지고 아름답지만, 미라보 다리 자체도 고풍스러워 세월의 흔적을 느끼게 해 주는 곳이다. 1893년 완공된 이 다리는 완공 당시만 해도 가장 길고 높은 다리였다고 한다. 고풍스러운 색깔인 연두색(?) 철재의 느낌과 각 상징적인 조각물은 여느 다리에서 보는 것과 사뭇 다르다. 왠지 이 다리는 매년 열리는 골동품격 자동차 행진(?) 퍼레이드에 어울릴 것 같다. 반면, 기욤 아폴리네르G. APOLLINAIRE 의 '미라보 다리'라는 시도 떠올리며 지나간 사랑에 대한 회한 혹은 추억, 아픔도 느끼고자 노력도 해 보고 싶은 곳이다. 가을 시즌 저녁 즈음 해가 지는 가운데 다리 위에서 석양빛을 받는 에펠탑을 쳐다보며 나 자신이 파리 한가운데 있음을 느끼며 행복해하던 시간이 이제 다 지나고 있다. 하지만 나의 글과 함께 사진, 맘 속의 그림은 그대로 어디든 담고 가고 싶다.

미라보Mirabeau 다리

비르하켐Bir-Hakeim 다리에서 바라보는 에펠탑과 Koening 장군 동상

15구 측면에서 바라본 비르하켐 다리

비르하켐BIR-HAKEIM 다리 또한 15구와 16구를 이어 주는 다리 중 하나이다. 미라보 다리에서 집 앞의 그르넬 다리PONT GRENELLE를 거쳐 백조의 섬ILE AUX CYGNES을 따라 에 펠탑 방향으로 가다 보면 비르하켐 다리와 만난다. 비르하켐 다리 역시 참 예쁘 고 정겹다. 더구나 딸아이가 등하교를 위해 1년여를 건너다니던 곳이기도 해서 나 름 추억도 많은 다리이며, 나 또한 학교 다니며 수없이 건너다니며 감상하고 느끼 고 즐거워했던 다리다. 생각보다 에펠탑은 너무 가까이 보여 미라보 다리에서 보 는 만큼의 감동은 아닐뿐더러 추운 겨울이면 강바람을 맞아 가며 건너야 하는 고 통도 있었던 다리이긴 하지만, 나름 파리에서 가장 정이 많이 든 다리이다. 이 다리 를 건너면 16구에 위치한 파씨에 이른다. 15구 비르하켐 역은 관광객들이 많이 이 용하는 지하철역인 데 반해 16구 파씨는 전통적인 파리지엥들의 거주지이다. 100 여 년 전 신흥 부르주아들의 저택이 들어서면서 부촌으로 각광받기 시작하면서 지 금까지도 나름 파리의 부자들이 사는 곳이기도 하다. 그래서 이 다리를 건너며 16 구 파씨에 들어서는 기분도(보통 파씨에는 쇼핑을 하러 자주 가기도 함) 좋고 고

풍스럽기도 하면서 가스등 분위기의 가로등을 세어 가며 100여 년 전의 그림을 그려 내는 것도 즐겁다. 비르하켐 다리는 각종 영화에도 자주 등장하는 다리 중 하나이다. 예를 들면, '라스트 탱고 인 파리LAST TANGO IN PARIS'며, 최근 디캐프리오가 주연한 영화 인셉션INCEPTION에도 등장했던 다리다. 이곳을 다니다 보면 웨딩 촬영, 화보 및 광고 촬영 장면도 많이 보게 되는데, 우리가 느끼는 것처럼 영화나 사진에 등장할 만큼 멋있는 다리인가 보다.

비르하켐BIR-HAKEIM은 리비아 사막의 이름이라고 한다. 프랑스 장군인 Koenig이 1942년 독일과 이탈리아를 상대로 승전했던 기념으로 다리명이 'Bir-Hakeim'으로 변경되었고, Koeing 장군 동상도 이 다리 한가운데 에펠탑을 바라보며 놓여 있다. 이곳에서 에펠탑을 바라보며 기념사진 촬영도 필수 코스로 제안하고 싶다. 비르하켐 다리는 사람과 자동차, 지하철이 모두 지나는 2층 형태의 다리이다. 다리 위의 선로로 지나는 지하철 6호선은 파씨에서부터 파스퇴르 역전까지 지상으로 달리

기 때문에 지하철 안에서 에펠탑과 센 강변을 감상할 수 있기도 하다. 그런데 이런 지하철 6호선이 친근한 이유는 마치 한국의 지하철 2호선을 보는 듯해서가 아닌가 싶다.

관광객 인파에서 벗어나 파리지엥들의 여유로움을 만끽하고 싶다면 비르하켐 다리와 그르넬 다리PONT GRENELLE와 연결된 '백조의 섬ILE AUX CYGNES'을 유유히 걸어 보는 것도 좋을 듯하다. 센 강을 바라보며 유람선이 다니는 모습을 앉아서 볼 수 있는 벤치도 마련되어 있고 조깅이나 산책을 하는 파리지엥들의 모습도 엿볼 수 있다. 날 좋은 금요일이나 토요일 저녁에는 젊은이들이 맥주와 스낵, 음악을 가지고 와 삼삼오오 서서 작은 파티를 즐길 때도 있다. 특히 여름에는 녹음이 어우러져 있어 따가운 햇빛을 피해 쉬어 갈 수 있어 좋은 곳이니 만큼 에펠탑이나 비르하켐 역에서만 머물지 말고 숨겨진 파리의 모습도 보고 가면 좋지 않을까 생각한다.

성에서 즐기는
오페라와 성 이야기

파리에 오기 전에 TV를 통해 이탈리아 어느 작은 마을의 고대 로마 원형경기장에서 하는 오페라 공연 소개를 본 적이 있었다. 지은 지 2000년도 넘은 원형경기장에서 오페라 공연을 하는데 특별한 마이크 시설 없이도 음향 효과가 뛰어나다는 설명을 듣고는 의아해하면서도 그러한 옛 도시의 고대 원형경기장 같은 곳에서 공연을 본다는 것이 상상만 해도 꿈같은 일이었다. 더구나 파리에 올 날을 잡아 두고 있었기에 그리 먼 나라의 이야기나 꿈 같지는 않은 것 같아 남편하고 유럽에 가면 꼭 그런 공연을 보자고 다짐을 했었는데, 파리에 온 첫해 가을에 이와 비슷한 꿈을 이루게 되었다. 고대 로마의 원형경기장은 아니지만, 프랑스의 고성古城, 샤또 CHÂTEAU'라고 칭함에서 오페라를 관람할 기회를 가진 것이다.

보르비꽁트Château de Vaux le Vicomte
www.vaux-le-vicomte.getaticket.com

성城이라고 하면 어릴 적 동화 속 이야기일 것만 같은 환상을 가지며 살아왔다. 숲이 우거진 높은 곳에 고풍스러운 모습으로 홀로 높게 우두커니 솟아 있을 듯한 그러한 성을 상상하곤 했다. 유럽에 가면 영화나 동화 속에서 나오는 그러한 성을 볼 수 있지 않을까 하는 기대도 점차 커져만 갔다. 사실 성은 영어로는 캐슬CASTLE, 불어로는 샤또CHÂTEAUX라고 불리며, 한자 풀이 그대로 방어를 목적으로 높게 세워진 높은 망루를 가진 성채를 뜻한다. 반면, 우리가 아는 일반적인 궁宮, 영어로는 팔레스PALACE, 불어로는 빨레PALAIS과는 다른 뜻인데, 불어에서는 궁전이나 성 모두를 '샤또CHÂTEAU'라고 칭하고 있다. 예를 들어, 베르사유 궁전도 불어로는 샤또 드 베르사이유CHÂTEAU DE VERSAILLE로 불린다. 정확히 말하자면, 프랑스에서는 왕이나 왕족이 거주하는 혹은 거주했던 곳, 특히 파리에 소재한 성을 궁전PALACE(영), PALAIS(불)이라고 불렀던 것이다. 그 외 왕의 방계나 친인척, 다른 귀족이 머무는 곳을 성이라 칭해왔는데, 프랑스 남부에 있는 요새와 같은 중세의 성을 제외하고는 파리 근교, 루아르 강 유역의 성들은 외부 침입의 방어 목적에서 벗어나 성주城主들의 생활 공간으로 그들의 부를 표현하듯이 화려하고 개성 있게 치장하여 현대에 와서는 관광코스 중 하나가 되었다.

샹티이|Chantilly 성
www.chateaudechantilly.com

쉬농소 성 Château de Chenonceau
www.chenonceau.com

샤또성, CHÂTEAU 내 꽁데COMDE 미술관이 있는 샹티이CHANTILLY 성, 베르사유 궁전의 정
원과 같은 프랑스식 기하학 스타일의 정원들이 있는 보르비꽁트CHÂTEAU DE VAUX LE
VICOMTE, 강의 수면에 비친 모습이 너무도 아름다운 샹보르 성CHÂTEAU DE CHAMBORD,
성 중에서도 가장 여성적이며 우아한 그러면서도 물 위에 떠 있는 듯한 쉬농소 성
CHÂTEAU DE CHENONCEAU 등 각기 소유주의 개성이 강한 삶이 묻어나 있는 성들이 많다.

쉬농소 성Château de Chenonceau
www.chenonceau.com

하지만 베르사유 궁전 및 몇몇의 성들을 제외하고는 그 많은 프랑스 성들이 수익을 위해 관람객들을 유치하기는 쉬운 일이 아니다. 더구나 국가 소유가 아닌 개인 소유의 성들은 보통 호텔 등으로 이용이 많이 되거나 다양한 마케팅 전략을 구사한다. 그래서 최근에는 오페라 공연은 물론 오케스트라 공연, 불꽃놀이, 촛불축제, 분수쇼 등등 다양한 볼거리와 이벤트를 제공하고 때로는 세계 갑부 자녀들의 결혼식 파티도 하여 세계 이목을 집중시키는 경우도 있다. 예를 들어, 16~18세기의 정장과 드레스를 입고 가발을 써 가며 당시와 같이 파티를 즐기는 이벤트도 제공한다. 그래서 이 이벤트에 참여하면 정원을 거닐며 마치 200~300년을 뛰어넘어 왕족 혹은 귀족이 되어 보는 즐거움도 맛볼 수 있다. 사실 공연을 보게 된 보르비꽁트는 성이 가지고 있는 자체적인 명성도 있는 데다 이벤트와 홍보가 강한 곳인 만큼 공연 외 방문의 의미가 깊었다. 파리에서 1시간 정도 떨어져 있고 바르비종이나 퐁텐블루에서 그리 멀지 않아 방문이 용이할 뿐 아니라, '베르사유 궁전' 건립의 도화선을 제공한 곳이라는 사실만으로도 많은 이들의 방문을 유도할 수 있는 성이다. 루이 14세 때 재무 장관인 니콜라 푸케NICOLAS FOUQUET가 지은 이 성을 보고 왕인 루이 14세가 질투를 느끼고는 바로 베르사유 궁전을 만들었다고 한다. 그때 당시 보르비꽁트 성 건축에 참여했던 3인방, 건축가 루이 르 보LOUIS LE VAU, 벽이나 천장화를 담당한 화가 샤를 르 브랭CHARLE LE BRUN, 조경전문가인 앙드레 르 노트르 ANDRE LE NOTRE 모두가 그대로 베르사유 궁전 건립에 참여했다는 사실 자체만으로도 보르비 꽁트 성은 베르사유 궁전의 축소판같이 느껴진다.

이러한 성에서 어떻게 무대 장치를 하고 조명과 음향을 조절하며 오페라를 공연할지 무척이나 궁금하면서도 실내에서와 같이 공연을 즐길 수 있을지 의문점을 가지며 공연이 시작되기를 기다렸다. 9월 초라서 어둑어둑해지기를 기다려 공연은 밤 9시경에 시작되었다. 해가 지니 비교적 추워지면서 두툼한 옷을 챙겨 오지 않은 것을 후회하며 공연을 보는데, 기대 이상으로 화려한 의상과 조명, 음향효과는 오페라의 맛을 제대로 보여 주어 쌀쌀한 날씨도 잊어버리고 관객과 무대의 열기에 젖어 버렸다. 원작 빅토르 위고의 작품 '왕의 환락LE ROI S'AMUSE'을 베르디가 오페라로 만들었던 '리골레토'. 리골레토는 16세기 프랑스 왕이었던 프랑수아 1세의 부도덕성과 방탕한 생활을 고발했던 프랑스 궁정을 배경으로 한 희곡이라 프랑스에서는 비교적 다른 오페라들보다도 공연이 많이 되고 있다. 특히 프랑수아 1세가 지은 '샹보르' 성에서도 가을이면 공연을 하니 이를 그가 알면 어떨지 새삼 궁금해졌다. 사실 오페라에 대한 지식은 특별히 없었지만, 오래전부터 루치아노 파바로티, 플라시도 도밍고, 호세 카레라스, 3대 테너가 불러 귀에 익숙한 아리아 '여자의 마음LA DOMMA E MOBILE'이 흘러나올 때는 나도 샴페인 잔을 들고 무대 위의 배우들과 함께 어울리고픈 마음이 가득했다. 무엇보다 어릴 적에는 이러한 공연을 보며 몸을 이리저리 틀던 딸아이가 성에서 보는 특별한 공연이라 그런지 공연 내내 들뜬 표정으로 몰두하는 모습을 보니 더욱 보람되고 행복했던 것 같다. 언제 다시 그런 시간이 올지는 모르지만, 방 안에서 아리아 '여자의 마음'을 들으며 그 순간을 조금이나마 다시 느끼고자 한다.

샹보르 성 Château de Chambord
www.chambord.org

로트렉_물랭 루즈에서의 무도회, 오르세 미술관

오르세 미술관의 로트렉과
거리의 로트렉

오르세 미술관의 인상주의자들의 그림을 본 다음의 코스는 보통 19세기 말 미술 운동이었던 나비파, 종합주의 등등의 그림들이다. 고갱, 고흐, 마티스의 작품들을 보다 보면 그들의 그림과 전혀 다른 풍의, 그러면서도 무척이나 독자적인 그림들을 발견하게 된다. 어느 학파에도 속하지 않은 듯이 혼자만의 그림풍으로 그려 낸 화가, 로트렉. 그의 이름을 제대로 표현하자면 앙리 마리 레이몽 드 툴루즈—로트 레크—몽파HENRI MARIE RAYMOND DE TOULOUSE-LAUTREC-MONFA라고 한다.

프랑스에서는 명문 귀족의 후손들인 경우에는 이와 같이 무척이나 긴 이름을 가진다. 이름 안에 어느 지역 귀족인지, 어느 지역의 땅을 소유했는지 등등 그 배경을 단번에 알 수 있도록 표시가 되어 있다. 로트렉은 그 긴 이름답게 엄청나게 유명한 귀족 가문 출신이라고 한다. 하지만 그의 그림은 이름에 걸맞지 않게 누런 마분지에 그린 그림들이었으며, 소재는 주로 창부, 사창가 여인들, 물랭 루즈와 같은 카바레를 배경으로 하는 것들이었다. 더구나 나에게 충격적으로 다가온 그림은 '침대에서'인데, 동성애가 막 끝난 후의 매춘부 여인들의 풀린 듯한 눈망울이 인상적이다. 이 그림을 보며 남편에게 질문을 했다.

"무슨 내용 같아?" 하고. 남편은 이러한 스토리는 전혀 가늠하지 못하고 "가난한 집안의 어린 두 남자 아이가 잠이 들려는 것 같은데…." 하고 답을 했다. 그도 그럴 것이 그림 속의 두 여인은 짧은 머리를 하고 있었기 때문이다. 얘기에 의하면 19세기 말 생활고로 인해 사창가 세계로 들어와 매춘부를 하면서도 머리까지 잘라 팔아야 삶이 유지되었다는 것이다. 로트렉은 이런 사람들을 그림에 많이 담았다. '침대에서'와 함께 많은 이들이 보는 작품은 '스타킹을 올리는 여인'과 같은 카바레 댄서, 세탁부 여인 등을 소재로 하는 경우가 많은데, 그의 출신 배경과는 전혀 다른 소재들이다.

로트렉_침대에서, 오르세 미술관

로트렉_세탁부, 오르세 미술관

이렇듯 그의 작품에는 당시 카바레 인기 댄서들이 자주 등장한다. 더구나 그의 그림들은 몽마르트르 언덕이나 센 강변 가판형 고서점, 혹은 관광상품들을 파는 가게에 가면 쉽게 찾아볼 수 있다. 로트렉은 석판화 기술의 발달로 당시 파리의 매력을 생생하게 담아낸 광고 포스터들을 많이 제작하였다고 한다. 한마디로 20세기 그래픽 아티스트처럼 상업 예술의 선구자가 아니었나 싶다. 그래서 파리 여기저기를 다니다 보면 어느 누구의 작품들보다 눈에 쉽게 띄고 친숙해지는 그림이 로트렉 작품들이다.

뉴욕으로 예술발전의 주도권을 잃기 전, 한창 주가를 올리던 그 시절의 파리는 세계 모든 이들의 로망인 곳이었다. 밤문화도 무척 발달하였으나 그 화려한 불빛 이면에는 로트렉이 그려 낸 주인공들의 삶에 지친 서글픈 일상들이 있었던 것이다. 사실 로트렉이 사회 비판적 사상을 표현하고자 이러한 그림들을 그린 것은 아니었다고 한다. 그는 그 주인공들과 동거동락을 하며 그들의 삶에 대한 연민을 느끼고 자신의 미술 자체에 충실했던 사람 같다. 아님, 그의 불행한 삶 때문이었을까? 전통 있는 가문 출신이지만 어린 시절 사고로 키가 더 이상 자라지 않아 난쟁이 형상으로 평생 지팡이를 짚고 다녔다고 한다. 자신의 그림의 터전인 몽마르트르에서 대도시의 밤문화를 그려 내었지만 결국은 술과 방탕한 생활로 인해 37세라는 젊은 나이에 세상을 뜨고 만다.

파리에 오기 전까지는 로트렉을 알지 못했다. 오르세 미술관에서 작품 설명을 들으며 알게 된 화가. 그의 작품들을 파리 시내 어느 거리를 가나 포스터나 엽서 등으로 자주 보게 되니 친숙해질 수밖에…. 다른 화가들의 포스터나 기념품은 주로 박물관에 한정되어 판매되는데 그의 그림은 사람들이 많이 다니는 거리에서 소박하게 사람들에게 다가온다. 또한 그의 그림은 무척이나 파리스럽다. 파리답다. 파리를 느끼게 하고 파리에 대한 연민을 갖게 하는 그림이다. 그래서 그의 그림은 파리를 마케팅하기에 좋은 작품들이다.

로트렉_쾌락의 여왕(소설 홍보 포스터용),
암스테르담 반고흐 미술관

포스터▲ 로트렉_디방자포네
포스터▼ 로트렉_물랭 루즈: 라 굴뤼

로트렉이 제작한 많은 광고 포스터들은 엽서 등으로 제작되어 센 강변 가판서점이나 파리시내 여느 관광상품점에서 쉽게 찾아볼 수 있다.

포스터▼ 로트렉_카바레 앙바사되르에 출연하는
아리스티드 브뤼앙Aristide Bruant

상파뉴 CHAMPAGNE

알자스 ALSACE

루아르 LOIRE

부르고뉴 BOURGOGNE

쥐라 JURA

보졸레 BEAUJOLAIS

사부아 SAVOIE

보르도 BORDEAUX

론 RHÔNE

남서부 SUD OUEST

랑그도크루시옹 LANGUEDOC ROUSSILLON

프로방스 PROVENCE

코르스 CORSE

와이너리 투어 Ⅰ
보르도 BORDEAUX

많은 사람들이 프랑스에 오면 한 가지 강박관념을 가지게 된다. 바로 와인을 마스터해야 한다는 부담감이다. 그래서 생각했던 방안이 마음 맞는 사람끼리 모여 와인모임을 하는 것이었다. 혼자 마시는 것보다는 여럿이서 테마를 가지고 마시면 다양한 와인의 맛과 향을 느낄 수 있고 테마에 맞게 선정된 와인을 통해 지역별로 빈티지별 특징을 공유할 수 있으니 일석이조의 기회라 생각했다. 특히 와인이라는 것은 취하기 위해 마시는 술이 아니라 서로 얘기를 나누기 위한 스토리를 전개하는 매개체이기 때문에 함께 어울려 공부하며 즐기기에는 안성맞춤이었다. 어려운 점은 선정된 와인의 산지와 품종, 빈티지에 대한 특징을 다 듣고도 한 모금 입 안에 담았을 때 나 자신은 정작 그것을 느끼지 못하거나 잡아내지 못할 때 나의 미각 수준에 대한 열등의식이 발동한다는 것이다. 또한 항상 남편은 "전에 이거 먹어 봤는데, 기억나?" 하고 묻는데, 난 먹어 본 기억도 제대로 나지 않아 당황스러울 때도 많았다. 나이가 들어 몇 번을 보고 듣고 먹어도 기억하기 어려운 상황에서 와인모임의 결실을 맺고 현지답사를 가게 되었다.

* www.holiday-rentals.co.uk_ 유럽을 커버하는 임대형 별장, 아파트 등 예약 사이트
  www.abritel.fr_위 사이트의 프랑스어 판, 프랑스 내 임대는 좀 많음(우리 예약 사이트)
  www.booking.com_일반적 호텔, 아파트 등 예약에 가장 유용
  www.tripadvisor.co.kr_호텔 관련 평가내용이 많고 여러 사이트의 호텔 가격 비교가 가능
  www.priceline.com(미국), www.priceline.co.uk(유럽)_역경매 방식으로 저렴하게 호텔 예약
  www.gites-de-france.com_프랑스 민박, 펜션 등 예약 사이트

머무를 숙소 정하기

일단 가장 중요한 것은 머물 집을 구하는 것이었다. 여러 가족이 샤또나 큰 집을 구해 같이 1주일 지내는 것으로 콘셉트를 정하고 물색에 들어갔다. 프랑스 사람들은 여름 휴가를 매년 보통 2~4주 정도 보내기 때문에 우리나라 사람들처럼 많은 곳을 단시일 내에 둘러보기보다는 체류형 휴가를 즐기고, 따라서 예약은 통상 늦어도 몇 달 전에, 이르면 1년 전에 미리 정해 놓기 때문에 예약은 빠를수록 좋다. 남편도 6개월 전부터 탐색을 시작했으나 이미 싼 가격에 좋은 곳은 찾기 쉽지 않았다. 아무튼 인터넷 발품을 많이 파는 것이 성공의 지름길이다. 수많은 사이트*에서 별장형, 샤또, 민박, B&B 등을 중개해 주고 있으니 관심 있는 지역을 정해 많이 둘러보다 보면 좋은 물건을 만나는 행운이 꼭 있다.

우리가 찾은 샤또는 영화에서 나오는 것처럼 럭셔리하고 웅장한 성은 아니지만 수영장이 딸려 있는 3층짜리 작은 샤또^{PETIT CHÂTEAU}였다. 방이 7개에 18명까지 수용할 수 있는 곳이었다. 그래도 상당한 규모의 샤또였기 때문에 성수기 여름철에 가격은 꽤 나갔다. 그래서 5가족 정도가 갈 생각으로 와인모임의 회장, 총무, 부총무 3가족을 확보하고 나머지 2가족을 찾았으나 생각보다 쉽지 않았다. 그래서 일반 호텔로 가기로 하고, 꿈을 접어야 하는 상황이었다. 그래도 아쉬움이 남아 성 주인에게 마지막까지 손님이 없으면 우리에게 반값에 달라고 부탁을 해 놓았다. 우리 팀에게 행운이 있었는지 주인은 간간이 할인해 준다는 메일을 보내 왔고, 결국 떠나기 1주일 전에 반값에 합의를 보았다. 작은 호텔 방값에 비해서도 싼 가격이었다. 우리 보르도 탐방에 있어 가장 큰 쾌거였다.

파리에서 6시간 정도 걸려 도착한 샤또는 기대 이상으로 좋았다. 넓은 수영장, 바비큐 시설이 딸린 마당, 이색적인 그림과 장식이 있는 방들, 넉넉한 부엌들과 거실들, 포도밭을 볼 수 있는 옥상과 테라스. 아무튼 정말 좋았다. 하루에 수백 유로짜리 럭셔리한 호텔에 비해도 손색이 없고, 집처럼 편안했다. 샤또는 가론 강과 도르도뉴 강이 양쪽으로 흐르는 앙트레 뒤 메르 지역에 있어 다른 지역으로의 접근성도 좋았다. 앙트레 뒤 메르는 우리말로 하면 양수리 정도로 번역하면 좋을 듯하다. 보르도 지역에서 저렴한 화이트 와인으로 유명한 지역이기도 하다.

와인 샤또 예약하고 방문하기

와인 샤또는 직접 연락을 해서 방문하기로 하였다. 보르도 시내에서 떠나는 투어는 반나절 투어가 평균 70유로 정도 하니 가족들이 많아 비용이 많이 들고, 방문하는 양조장도 상업적으로 단체 손님을 받는 곳이라 별로 흥미가 느껴지질 않았다. 우린 우선 방문하고 싶은 샤또의 리스트를 만들고 홈페이지*를 찾아 직접 연락을 했다. 오 메독 지역의 1등급 5대 샤또는 대부분 여름철에 공식적으로 방문이 어렵다는 공지가 떠 있었다. 그래서 우리는 보르도 가는 길에 있는 꼬냑의 헤네시, 오 메독 지역별로 최근에 높은 평가를 받고 있는 레오빌 라스카스LEOVILLE LAS CASES, 생 줄리앙SAINT JULIEN, 린치 바쥐LYNCH BAGES, 포이약PAUILLAC, 코 데스투르넬COS D'ESTOURNEL, 생 데스테프SAINT-ESTEPHE를 접촉해 보았다. 헤네시와 린치 바쥐는 입장료 (12~15유로)를 내면 개인별 투어를 받아 주어 쉽게 인터넷으로 예약을 했고, 나머지 두 곳은 정중한 방문 요청 메일을 보냈다. 생각보다는 쉽게 승낙 답장이 왔다. 아마도 몇 달 전에 그룹을 만들어 요청하면서 멀리 한국에서 왔다고 하니 거절하기 힘들었을 거라 생각되었다.

⬆ 보르도 와인 지도

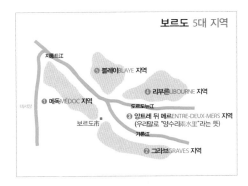

보르도 5대 지역

지롱드江

⑤ 블레이BLAYE 지역

④ 리부른LIBOURNE 지역

① 메독MÉDOC 지역

도르도뉴江

대서양

보르도市

③ 앙트레 뒤 메르ENTRE-DEUX-MERS 지역
(우리말로 "양수리兩水里"라는 뜻)

가론江

② 그라브GRAVES 지역

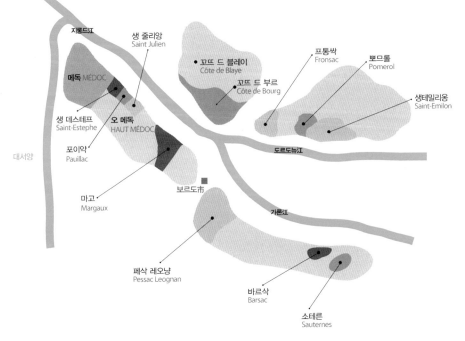

지롱드江

생 줄리앙
Saint Julien

메독 MÉDOC

꼬뜨 드 블레이
Côte de Blaye

프롱싹
Fronsac

뽀므롤
Pomerol

꼬뜨 드 부르
Côte de Bourg

생테밀리옹
Saint-Emilon

생 데스테프
Saint-Estephe

오 메독
HAUT MÉDOC

포이약
Pauillac

도르도뉴江

대서양

마고
Margaux

보르도市

가론江

페삭 레오냥
Pessac Leognan

바르삭
Barsac

소테른
Sauternes

＊ 와인 샤또 홈페이지 주소
　레오빌 라스카스_ www.leoville-las-cases.com(이메일로 예약 요청, 무료 투어)
　린치 바쥐_www.lynchbages.com/en/wine-and-tourism/plan-your-visit(online예약, 1인당 9유로)
　코 데스투르넬_www.estournel.com/en/contacts(이메일로 예약 요청, 무료 투어)

와인 샤또 투어와 시음

1. 꼬냑의 대명사 '헤네시Henessy' 방문

첫째 날 일정은 파리에서 출발하여 우선 꼬냑CONAQUE 지방에 들렀다. 보르도를 진입하는 초입이라서 먹는 순서와는 달리(보통 꼬냑은 식사를 다 마친 후 식탁에서 응접실로 옮겨 커피와 함께 입가심으로 마시는 술이므로 맨 마중에 제공됨) 제일 먼저 방문을 하게 된 것이다. 파리에서 차로 약 4시간이 지나 '헤네시HENNESSY' 본사 투어를 했다. 물론, 유명한 꼬냑으로는 헤네시 외에 까뮤, 레미마텡, 쿠르보아지, 마르텔 등 많지만, 한국인은 물론 일본인들 사이에서 럭셔리한 분위기로 유명한 헤네시를 찾아갔다. '헤네시' 투어 가이드에 의하면 보르도와는 전혀 다른 토양으로 인해 포도도 전혀 다른 종류의 것UGNI BLANC, 혹은 ST. EMILION을 재배할 수밖에 없었는데, 너무도 인기가 없는 와인이었다고 한다. 그러던 중 우연히 증류기술을 전수받아 와인을 브랜디로 만들었으며 그 매력적인 향은 영국인은 물론 전 세계 사람들의 사랑을 유혹함에 있어 부족함이 없었다고 한다. 이렇듯 샹파뉴CHAMPANGNUE, 샴페인와 같이, 우수한 와인이 될 수 없던 것들이 이렇게 멋진 다른 모습으로 탄생하도록 하는 프랑스인들의 노력과 기다림은 본받아야 할 면 중 하나라 생각된다.

2. 생 줄리앙Saint Julien 샤또 방문하기

둘째 날 우리는 생 줄리앙 지역을 먼저 방문하였다. 생 줄리앙SAINT JULIEN 지역은 마고의 여성스럽고 실키SILKY한 맛과 포이약PAUILLAC의 남성스럽고 중후한 맛을 조화롭고 교묘하게 가지고 있다고 해서 많은 사랑을 받는 AOC*이다. 그중에서도 레오빌 라스카스LEOVILLE LAS CASES는 1855등급의 슈퍼 세컨드 중 하나로 '신의 물방울'에서 힘찬 매로 표현될 만큼 힘 있고 강건한 스타일의 와인이다. 상속과 혁명을 거쳐 3개 포도원으로 나누어진 레오빌 3형제 중의 하나이기도 하다. 레오빌 바통LEOVILLE BARTON과 레오빌 뿌아페레LEOVILLE POYFERRE도 2등급으로 분류되지만 라스카스가 단연 뛰어나다. 1등급 5대 샤또 아래 2등급 와인 중 1등급에 필적할 만한 코데스투르넬, 몽로즈, 팔머, 뒤크뤼 보까이유, 레오빌 라스카스 등은 슈퍼 세컨드라 불린다. 1855년에 정해진 등급이 지금까지 유지되고 있기 때문에 같은 2등급이라도 그동안의 세월에 품질 차이가 많이 생기게 된 것이고 가격도 많이 차이 난다.

샤또 투어는 40분가량 양조장을 둘러보며 생산과정을 설명해 주고 시음으로 이어졌다. 순박한 외모의 매니저는 친절하게 하나하나의 과정을 상세히 설명해 주고 우리를 시음장으로 안내했다. 별도로 비용을 내지 않았기에 우리는 크게 기대하지는 않았는데 이게 웬일인가? 시음장에는 7병의 뛰어난 놈들이 줄지어 있는 것이었다. 레오빌 라스카스를 필두로 클로드 마퀴CLOS DU MARQUIS, 라스카스의 세컨드 와인르 쁘띠 리옹LE PETIT LOIN, 그리고 이 샤또의 주인이 같이 소유하고 있는 포므롤 지역의 네닝NENIN과 메독 지역의 포텐삭PONTENSAC, 그리고 각각의 세컨드 와인FUGUE DE NENIN, CHAPELLE DE POTENSAC들이 우릴 기다리고 있었다. 방문시간은 아침 10시였지만 이 훌륭한 아이들을 그냥 지나칠 수 없어 우린 아침부터 와인 향에 빠져들기 시작했다. 그중에서도 묵직하면서도 다양한 향과 공간감을 느끼게 해 주는 레오빌 라스카스는 역시 명불허전이었다.

평소에 즐겨 마시던 클로드 마퀴는 후작의 포도원이라는 뜻이며 역시 푸근한 느낌이었다. 라스카스의 세컨드 와인으로 알고 있었지만 사실은 라스카스의 세컨드 와인은 따로 있었고, 클로드 마퀴는 이 샤또가 별도로 생산하는 브랜드였다.

---

* AOC(Appellation d'Orgine Controlee)는 원산지 명칭 통제로 프랑스에서 농산품과 식료품 분야의 명칭을 법규에 의해 통제하는 체계이다. 와인은 물론 치즈, 생수, 올리브유, 과일과 채소, 꿀 등에 적용되고 있다. AOC는 보르도처럼 넓은 지역을 대상으로 하기도 하고 포이약처럼 원산지의 범위가 구체적이고 좁을수록 더 높은 품질을 의미한다.

라스카스 포도원 바로 옆의 별도 포도밭에서 산출되는 포도로 양조된 독립된 브랜드였다. 이렇게 우리의 무식함을 매니저에게 드러냈지만 그래도 그는 열심히 자랑을 늘어놓고 있었다. 우리 6명 일행은 이렇게 주어진 행운을 놓치지 않으려 7병을 돌아가며 전부 시음했다. 찾아온 손님에 대해서는 진심으로 대해 주는 주인의 정을 느낄 수 있었다. 물론 우리도 돌아와서는 지금까지도 라스카스는 좀 비싸서 어렵지만 나머지 놈들에게는 꽤 애착이 가고 많이 애용하는 편이니 평생 고객을 잡아 두는 측면에서 보면 좋은 마케팅인 것 같다.

아침부터 거나하고 기분 좋게 취기가 오른 상태에서 우린 포이약 지역의 지롱드 강가 레스토랑을 찾아갔다. 샤또의 매니저가 음식 맛있기로 유명한 곳이라며 '라 살라망드르LA SALAMANDRE'*를 소개하여 주었다. 와인에 흠뻑 젖어 있는 우리는 스테이크와 오리고기, 생크림 파스타 등과 함께 프랑스에서보다 한국에서 히딩크 덕분에 더욱 유명한 생 줄리앙의 딸보TALBOT를 마시며 신선한 강바람을 즐겼다. 샤또 딸보 동네에 와서 마시는 와인은 또 다른 행복이었다.

* 홈페이지_www.lasalamandre-pauillac.com,
  주소_15-16, Quai Léon PERRIER, 33250 PAUILLAC, FRANCE

3. 포이약Pauillac 방문하기

식사를 마치고 우리는 포이약PAUILLAC 지역을 둘러보았다. 5대 샤또 중 3개가 이곳에 있을 정도로 프리미엄 와인의 산지인 포이약은 지역 자체가 아기자기하게 예쁜 동네이면서도 화려한 샤또들로 가득 차 있었다. 5대 샤또들은 여름철 휴가로 인해 방문이 불가능했지만, 전시관과 샤또를 둘러보는 것만으로도 가슴이 벅찼다. 무똥 로쉴드에 들러 유명한 화가들이 그려 준 와인 라벨들을 감상하고, 샤또 라뚜르와 라피트의 포도원 등을 거닐며 잘 영근 포도알을 몰래 시식(?)하는 것으로 샤또 투어를 못한 아쉬움을 달랬다. 그리고 이 지역에서 요즘 잘나가는 샤또 린치 바쥐LYNCH BAGES를 방문했는데, 이곳은 상업적으로 입장료를 받고 투어를 진행하고 있었다. 가격은 12유로 정도로 그리 비싸진 않았고, 샤또 내부와 생산과정을 안내받고 역시 시음으로 이어졌다. 아직 라스카스, 네닌과 딸보의 향이 입에 남아 있었지만 린치 바쥐 또한 훌륭했다. 5등급 샤또지만 가격은 2등급에 맞먹을 정도로 최근에 떠오르는 샤또이다. 이곳에서는 빈티지별로 3병을 맛볼 수 있었고, 같은 샤또라도 생산연도별로 차이를 느낄 수 있었다. 천지인 3가지 변수로 빚어내는 셀 수 없는 와인의 오묘함이 신기할 따름이었다.

유명 아티스트들이 디자인했던 샤또 무똥 로쉴드 와인라벨들

성이 아름다운 피숑 롱그빌 바롱Château Pichon-Longueville Baron

코 데스투르넬Cos D'estroumel의 와인 셀러
18세기부터 생산되어 온 와인들이 각자 뽐내며 누워 있는 모습은 그 자체로 장관이었다.

4. 생 데스테프 Saint-Estèphe 방문하기

다음 날은 남편이 좋아하는 생 데스테프SAINT-ESTÉPHE 지역을 찾아갔다. 개인적으로 이 지역 와인은 메독 지방에서 가장 중후하고 깊은 맛을 내는 와인인 것 같다. 유명한 샤또로는 코 데스투르넬COS D'ESTOUNEL과 몽로즈MONTROSE가 있다. 우리는 소박한 시골 농가 모습의 몽로즈의 영지를 둘러보고, 시음 예약을 해 놓은 코 데스투르넬로 향하였다.

코 데스투르넬은 샤또 자체도 아주 뛰어난 예술품이었다. 17~18세기부터 인도로 수출을 해 온 역사적인 양조장으로 인도풍의 성 외관을 갖추고 있고, 코끼리와 인도 문양 등의 양식도 이채로웠다. 가장 인상에 남는 것은 최근에 리노베이션을 한 와인 저장소였다. SF영화의 한 장면을 연상케 하는 투명한 통로 밑으로 즐비하게 늘어서 있는 오크통들이 와인의 숙성 향을 내뿜고 있었고, 통로가 인도하는 와인 셀러는 그 자체로 와인을 좋아하는 사람들이라면 평생 한 번쯤 꿈꾸었을 멋진 방이었다. 높은 천장 아래 두 마리의 코끼리가 놓여 있는 중앙을 중심으로, 사방으로 하늘 높은 줄 모르고 뻗어 있는 선반에 18세기부터 생산되어 온 와인들이 각자 뽐내며 누워 있는 모습은 그 자체로 장관이었다. 입맛을 다시며 우리는 시음장으로 향해 7성급 호텔 같은 로비에서 코 데스투르넬 2개의 빈티지와 세컨드 와인을 시음하였다. 수십 개의 폭죽이 폭발하는 것같이 묵직하고 중후한 와인 한 줄기가 입 안을 돌아 목으로 넘어가고 남아 있는 탄닌의 텁텁함과 잔향은 오래도록 가실 줄을 몰랐다.

이 밖에도 마고 지역의 브랑깡뜨냑BRANE-CANTENAC, 팔머PALMER, 샤또 마고CHATEAU MARGAUX, 뽀므롤 지역의 페트뤼스PETRUS, 네닝NENIN, 페샥 레오냥, 그라브 지역 등등을 두루두루 둘러보았다. 평소 와인으로만 접해 보던 곳들을 차를 몰고 다녀 보니 감회가 새로웠다. 와인에 조금만 더 관심이 있다면 체류형 휴가지로 보르도만한 곳이 없는 것 같다. 맛있는 음식, 빼어난 와인, 대서양의 바닷가, 끝없이 펼쳐진 와인 밭, 한적한 시골 마을의 샤또에서의 밤, 아무튼 잊을 수 없는 소중한 추억이 되었다.

SF 영화의 한 장면을 연상케 하는 코 데스투르넬 와인 저장소

인도풍의 성 외관을 연상케 하는 '코 데스투르넬' 샤또 정문

5. 보르도 시와 주변 지역 관광

보르도 시

보르도 지역은 와인투어 이외에도 관광과 휴양지로도 손색이 없다. 프랑스 제1의 와인산지로 유명하지만 보르도 시 자체도 르네상스 시대에 지어진 건물과 유적들로 역사의 숨결을 그대로 간직하고 있어 고풍스러운 멋이 가득하다. 최초로 도시 전체가 UNESCO 문화유산에 등록될 정도이니 도시 자체 탐방도 권할 만하다.

보르도는 아시아의 홍콩 같은 곳이었다고 한다. 12세기 아키텐 공국의 알리에노

르 공주가 영국 왕과 결혼하면서 지참금으로 보르도를 헌납해서 15세기까지 영국령이었고, 영국과의 와인 교역으로 축적된 부로 도시를 발전시켜 왔다. 남프랑스에서 가장 높은 첨탑을 가진 생 미셸 대성당, 루이 7세가 결혼식을 올렸던 화려한 고딕양식의 생 앙드레 대성당, 18세기 유행한 신고전주의 양식의 보르도 대극장, 가론 강변의 부르스 광장의 물의 거울 MIROIR D'EAU에 비친 웅장한 보르도 상공회의소 건물 등은 인상적이었다.

생테밀리옹 Saint-Émilion

보르도 동쪽에 위치한 생테밀리옹 ST. EMILION은 유네스코 문화 유산으로 지정되어 있는 마을로 프랑스라기보다는 영국의 작은 시골 마을같이 소박하면서도 아름답다. 과거 보르도가 아키텐 AQUITAINE공국인 시절 영국령이었음을 알게 해 주는 곳으로 여러 와인 숍과 레스토랑이 많아 간단한 시음이나 노천에서 식사도 즐길 수 있다. 성곽으로 둘러싸인 작은 고성마을과 주변의 포도밭이 어우러진 풍광은 어느덧 중세의 한때에 와 있는 느낌이었다. 이곳에서는 또한 카늘레 CANELE라는 보르도 전통 디저트와 보르도식 마카롱을 먹어 보라고 추천하고 싶다. 보르도에서는 와인을 정제할 때 달걀 흰자를 사용하는데 이는 와인에 흰자를 넣어 저어 주면 와인 속의 불순물들이 흰자에 달라붙기 때문이다. 이때 남은 노른자들로 만들어 낸 디저트가 카늘레인데 무척이나 쫄깃하면서도 부드럽고 달달해서 한국 사람들은 간식으로도 맛볼 만하다.

('마카롱' 편에서도 언급했지만) 보르도 지방에도 마카롱이 전해져 내려오고 있다. 파리의 마카롱처럼 각양각색의 예쁜 모양이 아니라 투박한 비스킷 같은 모양이지만 바삭하고 부드러운 맛은 일품이다. 이곳에서는 별도로 샤또 방문을 하지는 않았고 성내에 여기저기 있는 와인 숍에서 와인들을 시음해 보았다. 오 메독 지역보다는 우아하고 감미로운 맛이었다. 이곳 AOC도 자체적인 그랑크뤼 GRAND CRUS 등급을 가지고 있는데 한 가지 유의할 것은 여긴 그랑크뤼보다 높은 그랑크뤼 클라세라는 더 높은 등급이 있다는 것이다. 그래서 보통 와인을 잘 모르는 분들은 오 메독 지역의 Grand Crus와 같은 등급인데 가격이 저렴한 것으로 오해하는 경우가 있다. 거기에 필적하는 등급은 그랑크뤼 클라세 등급이다.

첨탑에서 바라본 생테밀리옹 고성마을

보르도의 모래사막_라 듄La Dune

보르도 남서쪽으로 1시간 거리에 있는 아르카숑ARCACHON은 1863년 나폴레옹 3세가 머문 후 휴양지로 이름을 떨치기 시작했고 맛있는 굴이 나는 산지로 프랑스에서도 유명하다. 또한 바로 옆에 있는 소나무 숲에 둘러싸인 모래언덕 또한 신기한 볼거리이다. 보르도로 떠나기 전 근처에 사막이 있으니 꼭 들러보라는 사람이 있었다. 이게 뭔 소리? 프랑스에도 사막이 있다? 막상 가 보니 사막은 아니고 해풍이 바닷가의 모래를 수만 년에 걸쳐 밀어내 만들어진 모래언덕LA DUNE DU PYLA이었다. 해안 바로 옆에 있는 폭 500m, 높이 107m의 모래언덕이 3km에 걸쳐 있는 모습은

보르도의 모래사막 라 듄La Dune의 모습

자연이 만들어 낸 장관이다. '유럽에서 가장 높고 긴 사막'이란다. 힘겹게 오른 모래언덕 위에서 바라보는 대서양과 뒤쪽으로 펼쳐진 소나무 숲 바다를 보고 있으면 참 자연의 오묘함을 다시금 깨닫게 한다. 모래언덕을 넘어가면 바로 백사장이다. 우리도 신나서 뛰어 내려가 해변의 시원함을 만끽했지만 다시 올라오는 길은 너무 힘들었다. 계속 올라가다 모래언덕이라 반쯤은 미끌어지고 푹푹 파이는 모래언덕을 걷는 것은 고행 길이었다. 그래도 아이들은 신나서 뛰어다니니 다들 행복한 한때였다.

Bloc de FOIE GRAS
de CANARD
mi-cuit   79€ le kg

BANANES
fourrées de Foie
GRAS

19 €

SONT FOURRES
AU FOIE GRAS
De canard

페리고 Périgord

보르도에서 동쪽으로 차를 타고 2시간 정도 달리면 거위간 요리인 푸아그라FOIS GRAS로 유명한 페리고PPÉRIGORD라는 도시가 있다. 또한 페리고를 중심으로 한 프랑스의 수드 웨스트SUD DE QUEST, 즉 남서부는 거위는 물론 오리를 소재로 하는 음식들이 다양하다. 거위간으로 만들어진 세기의 3대 진미 중 하나인 푸아그라 외에도 오리 가슴살 요리, 오리조림, 각양각색의 푸아그라 젤리(사진참조) 등 다양한 먹을거리를 자랑하는 고장이다. 음식의 특색도 강하여 프랑스인들이 좋아하는 먹을거리 리스트에 가장 많은 요리들을 등재시킨다. 여기서 동쪽으로 조금만 더 가면 우리가 교과서에서 배운 인류 최초의 벽화가 있는 라스코LASCAUX 동굴을 볼 수 있다. 약 2만 년 전 구석기 시대에 원시인들이 동굴 벽에 그린 순록, 황소, 들소, 말 등과 함께 생활상을 보여 주는 집터와 유물 등을 볼 수 있다.

1940년에 동네 젊은이들이 우연히 발견한 이후에 1963년 동굴 보호를 위해 폐쇄하고, 200m 떨어진 곳에 원래 모습과 똑같이 만든 라스코 동굴 2가 일반에 공개되어 있다. 처음에는 조잡한 동물 그림 한두 개 정도로 생각하였는데 막상 방문해 보니 꽤 근사했다. 그냥 재미로 한두 개 그린 정도가 아니라 지금으로 보면 큰 갤러리를 연상케 하였다. 2m가 넘는 천장에 1.2km에 달하는 긴 통로에 200여 마리의 동물들과 함께 생활상이 그려져 있어 그 당시로 보면 상당히 체계적으로 조성된 미술관이 아니었을까 하는 생각이 든다. 벽면에 그려진 채화와 각화는 800여 점 이상이나 되고, 다양한 색채는 아직까지도 선명함을 유지하고 있었다. 이 지역은 석회암 지대로 동굴들이 많다. 큰 석회암 동굴은 수로가 형성된 경우도 있어 배를 타고 동굴안을 유람하는 코스도 있다. 더운 여름 시원한 뱃길을 따라 석회와 물이 만들어 낸 예술품들을 감상하는 것도 또 다른 즐거움이다.

와이너리 투어 Ⅱ
부르고뉴 BOURGOGNE

보르도 여행이 순수한 와인 스터디를 위한 여행이었다면, 부르고뉴 여행은 와인 플러스 부르고뉴 음식을 즐기기 위한 미식여행이었다. 예로부터 부르고뉴는 와인은 물론 먹을거리*가 풍성한 곳이라 이곳을 다스리던 공작은 프랑스 왕을 전혀 부러워하지 않았다고 한다.

보르도의 기업형 와인 샤또와는 달리 작은 도메인으로 이루어진 부르고뉴는 유명한 와인 밭을 찾아 다니기에도 바쁠 정도로 작고 여럿으로 갈라진 형태이다. 예를 들어, 그랑크뤼 AOC인 샹베르땡CHAMBERTIN은 겨우 12.9ha 크기의 밭을 25명이 나누어 소유하고 있을 정도이다. 하지만 그 지형과 밭의 형태, 토양 등을 보니 부르고뉴 와인의 맛과 등급, 가격 차가 어떻게, 왜 형성되었는지 이해하게 되었다.

* 주요 먹을거리: 달팽이요리, 스튜, 순대Boudin, 부르고뉴식 퐁듀, 디종Dijon 겨자(머스터드)

부르고뉴 와인 지도

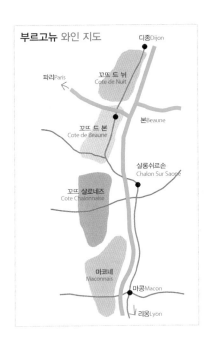

디종Dijon

파리Paris

꼬뜨 드 뉘
Cote de Nuit

본Beaune

꼬뜨 드 본
Cote de Beaune

샬롱쉬르손
Chalon Sur Saone

꼬뜨 샬로네즈
Cote Chalonnaise

마코네
Maconnais

마콩Macon

리옹Lyon

🏠 부르고뉴 그랑크뤼 가도
Bourgognes Route des Grand Grus

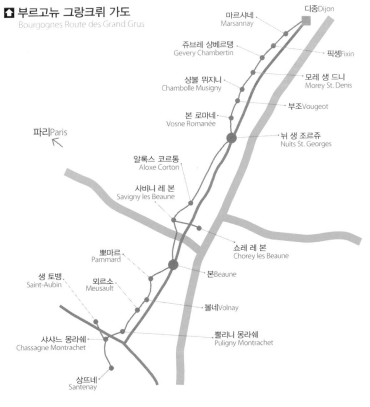

마르샤네
Marsannay

디종Dijon

쥬브레 샹베르탱
Gevery Chambertin

픽셍Fixin

샹볼 뮈지니
Chambolle Musigny

모레 생 드니
Morey St. Denis

부조Vougeot

본 로마네
Vosne Romanee

뉘 생 조르쥬
Nuits St. Georges

파리Paris

알록스 코르통
Aloxe Corton

사비니 레 본
Savigny les Beaune

쇼레 레 본
Chorey les Beaune

뽀마르
Pammard

본Beaune

생 토뱅
Saint-Aubin

뫼르소
Meusault

볼네Volnay

샤샤느 몽라쉐
Chassagne Montrachet

뿔리니 몽라쉐
Puligny Montrachet

상뜨네
Santenay

▲ 부르고뉴의 유일한 포도품종, 피노누아Pinot Noir
▼ '로마네 꽁띠' 포도원의 전경, 돌담에 새겨진 푯말이 너무 작아 그냥 지나쳐 버리기도 쉬웠다.

부르고뉴는 보르도와 달리 한 개의 포도 품종, 즉 피노누아PINOT NOIR로만을 가지고 장인 정신을 발휘하여 만든 와인이다. 여러 품종의 배합 기술을 통해 맛을 내는 것이 아니라 한 가지의 포도를 가지고 그것이 생산된 지형과 밭, 연도에 따라 다양한 맛을 구사하는 것이다. 그래서 포도가 평지에서 자랐는지, 언덕에서 자랐는지, 언덕 제일 위쪽에서 자랐는지 등 경사에 따라 빗물이나 양분 흡수 정도, 일조량이 천차만별이라서 바로 이웃한 밭과도 맛과 향이 달라질 수밖에 없는 것이다. 그래서 꼬뜨 드 뉘CÔTE DE NUITS, 꼬뜨 드 본CÔTE DU BEAUN의 두 지역으로 나뉘어 있는 꼬뜨도르CÔTE D'OR의 언덕 위쪽 밭에서 생산된 와인들을 최상급으로 치는 것이다. 꼬뜨CÔTE 자체가 언덕을 일컫는 말이니 이 지역 와인 생산에서 언덕이 얼마나 중요한 요소인지 알 수 있을 것이다. 언덕은 일조량도 우수할 뿐 아니라 배수도 훌륭하기 때문에 최상의 포도를 만들어 낼 수 있는 조건을 갖춘 것이다.

지역의 중심 도시인 디종DIJON에서 본BEAUNE으로 이어지는 그랑크뤼 도로街路, ROUTE DES GRAND CRUS*를 따라 남쪽으로 내려가다 보면 정말 유명한 와인 라벨들로 이루어져 있는 마을들을 볼 수 있다. 그렇게 외워지지 않던 어려운 이름들도 그 마을에 들러 보면 쉽게 기억에 남는 것이 신기했다. 디종에서 가장 가까운 쥬브레 샹베르탱GEVREY CHAMBERTIN을 시작으로 모레 생 드니MOREY-SAINT-DENIS, 신의 물방울에 자주 등장하는 샹볼 뮈지니CHAMBOLLE-MUSIGNY, 끌로 드 부조CLOS DE VOUGEOT, 본 로마네VOSNE ROMANEE, 뉘 생 조르쥬NUITS ST. GEORGES, 알록스 코르통ALOXE CORTON을 거쳐 본BEAUNE까지 이어지는 길을 따라 좌측 언덕에 펼쳐지는 포도원과 아기자기한 작은 마을들의 풍경은 참으로 인상적이었다. 본을 지나 남쪽으로는 내가 좋아하는 부드러운 SILKY 맛과 향의 볼네VOLNAY가 있고, 화이트 와인의 정상급 도메인들이 즐비한 샤샤느 몽라쉐CHASSAGNE-MONTRACHET와 뿔리니 몽라쉐PULIGNY- MONTRACHET 마을이 우리를 기다리고 있었다.

로코코 시절이 한창이던 루이 15세 때 왕족과 귀족 사이에는 부르고뉴 와인, 특히 '라 로마네'LA ROMANEE'가 가장 인기가 좋았다고 한다. 그런데 1749년 이 포도원이 매물로 나와 루이 15세의 사촌인 루이 프랑수아 드 부르봉이 인수한 후, 그의 공식 칭호인 '꽁띠'를 붙여 '라 로마네 꽁띠'가 되었다. 그래서 이 와인은 생산량도 적은

* p.319 부르고뉴 그랑크뤼 가도Bourgognes Route Des Grand Crus 참조

데다 그의 연회에만 사용되어 일반인들에게는 꿈과 같은 와인이 되고 현재까지도 마찬가지다.

로마네 꽁띠 밭을 어렵게 찾아갔다. 그런데 그 명성에 맞지 않은 듯한 로마네 꽁띠 밭의 푯말과 포도원의 모습은 정말 우리 시골의 작은 농가 같았다. 보르도 샤또가 와인 생산뿐만 아니라 마케팅과 다양한 프로그램을 통해 고객들을 찾아다니는 대기업의 이미지라면 부르고뉴는 단 하나의 품종, 그것도 가장 재배하기 어렵고 양조하기 까다롭다는 피노누아만을 가지고 정말로 예술가가 장인 정신을 가지고 작품을 만들어 내는 공방 같다는 느낌을 받았다. 아마 전 세계의 와인 애호가들이 부르고뉴 와인에 열광하는 이유는 이 때문이 아닐까 하는 생각이 든다.

매년 11월이면 부르고뉴 본BEAUNE에서는 와인경매가 열린다고 한다. 하지만 방문한 시기가 8월인 만큼 아쉽게도 본의 경매 광경을 경험할 수 없었다. 그래도 다행인 것이 일요일 아침에 열린 본의 재래시장(장터)을 통해 조금이나마 경매기간의 분위기를 엿볼 수 있었다는 점이다. 와인만큼이나 다양하고 명성이 높은 부르고뉴 요리들을 만들어 내는 다양한 식재료를 한눈에 볼 수 있는 기회였다. 달팽이(에스가르고), 푸아그라FOIS GRAS, 거위간는 물론 무공해 허브, 송로버섯TRUFFES, 겔랑드의 소금, 쏘시송SAUSSISON, 이태리어로는 살라미, 치즈 등 부르고뉴 와인의 과일향과도 잘 어울릴 요리에 적합한 재료들이었다. 부르고뉴는 전통적으로 먹을거리가 풍부하여 고대 로마인들이 일찍부터 터를 잡아 포도를 심고 가축을 길러, 그들의 부엌KITCHEN이라는 별칭을 가진 곳이다. 로마 멸망 후에도 농산물과 와인을 중심으로 유럽 전역과 무역을 통해 그 명성을 유지해 왔다. 이러한 먹을거리를 제대로 경험하고자 파리에서 만난 코르동 블루 출신의 소믈리에(우리에게는 와인 선생으로 통한다. 명강의를 통해 그 복잡한 부르고뉴 와인을 조금이나마 쉽게 이해할 수 있도록 해 주었던 와인 선생)가 추천해 준 레스토랑 투어를 했다.

부르고뉴 본Beaune의 재래시장에서 치즈를 판매하는 상인

첫 번째 식당은 와인 까브를 식당으로 개조한 까브데쟈크CAVEAU DES ARCHES[1]였다. 레스토랑 이름에서도 아치형 와인 저장소의 느낌이 물씬 풍긴다. 우리 가족은 첫 날 저녁이니 이 지방의 유명한 요리 위주로 주문을 했다. 에스가르고, 생 거위간 구이, 뵈프 부르기뇽, 오리 가슴살 요리, 부르고뉴산 쇠고기 스테이크, 화이트 와 인SANTENAY, PREMIER CRU, 2008과 레드 와인CHOREY-LES-BEAUNE, 2007 한 병씩을 주문했다. 더 좋은 와인들이 백과사전 같은 와인 리스트 책자에 즐비했지만 레스토랑에서의 가 격은 감당하기 어려워 그나마 저렴하면서도 어느 정도 괜찮은 와인으로 주문했 다. 전식으로 나온 달팽이 요리와 생 푸아그라를 살짝 구운 요리는 입에서 살살 녹았고 향이 진한 화이트 와인과도 잘 맞았다. 본식으로 시킨 뵈프 부르기뇽은 쇠 고기를 삶아 이 지역의 진한 와인에 조린 것인데 가격 대비 훌륭했다. 이 지역은 쇠 고기 또한 품질이 좋은 것으로 유명해서 5cm가량 되는 미디엄 구이 스테이크도 놓쳐서는 안 될 메뉴이다.

다음 날 점심에 찾은 레스토랑은 미슐랭 1스타STAR의 루아조 데 빈느LOISEAU DES VIGNES[2]라는 곳이었다. 파리에도 2개의 지점을 가지고 있는데, 설립자였던 베르나 르 루아조BERNARD LOISEAU라는 요리사는 젊은 나이부터 유명세를 떨치며 셰프로서 일찌감치 출세가도를 달리던 사람이었다고 한다. 하지만 유명 요리잡지GAULT MILLAU GUIDE에서 평가점수가 낮게 나오고, 미슐랭에서도 등급을 낮춘다는 소문에 충격을 받고 52세의 나이에 총으로 자살을 해 프랑스 요리사(史)에 큰 충격을 안겨 준 셰 프이기도 하다.

＊1 10, Boulevard de Perpreuil, 21200, BEAUNE, www.caveau-des-arches.com
＊2 31, rue Maufoux, 21200, BEAUNE, www.bernard-loiseau.com

루아 조 데 빈느Loiseau des Vignes 레스토랑의 와인 디스트리뷰터Distributor
70여 가지의 와인을 잔으로 즐겨 마실 수 있다.

우리가 방문한 레스토랑은 70여 가지의 훌륭한 와인을 잔으로 서빙하는 것으로도 유명하다. 비싼 가격에 병으로 주문하기 어렵거나 적은 인원이 여러 가지 와인을 맛보고 싶을 때 딱 좋은 곳이다. 우리는 점심코스와 함께 4가지 와인을 맛보았다. 화이트 와인 중에 백미인 샤샤느와 뿔리니 몽라쉐 한 잔씩, 그리고 평소 좋아하던 볼네VOLNAY와 새롭게 시도해 본 생 토뱅SAINT-AUBIN 프리미에 크뤼를 즐겼는데, 과일향이 가득하면서 입안에 머물수록 다양한 맛이 새록새록 퍼져 나가는 느낌은 부르고뉴 와인에 빠져들게 하는 매력이었다.

본BEAUN에 가면 오뗄디우HOTEL-DIEU, 신의 집라는 곳이 있다. 15세기에 지어진 고딕 건축 양식을 엿볼 수 있는 곳으로 화려한 지붕이 이곳 시골 정경 같은 마을에서 돋보인다. 시간관계상 안에는 들어가지 못했는데 이곳은 2차 대전까지 전쟁 중 다친 사람들을 돌보는 병원 역할을 했었다고 한다. 그런데 이곳에서 밤에는 '조명쇼'가 벌어진다. 오뗄디우 외벽에 빛을 쏘아 중세시대 그들의 모습을 담아내는데 이 또한 본의 볼거리 중 하나라 생각된다. 저녁을 먹고 본 시내를 거닐며 노천 카페에서 식사를 즐기는 사람들을 구경하며 산책을 하다 이곳에 와서 조명쇼를 보며 그날 일정을 마무리하는 것도 추천할 만하다.

부르고뉴 본의 오뗼디우Hotel-Dieu에서 펼쳐지는 조명쇼는 어느 박물관의 작품 못지않은 감동을 준다.

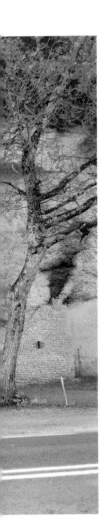

루아르, 샹파뉴, 알자스

보르도와 부르고뉴 이외에도 프랑스에는 화이트 와인이 유명한 루아르 고성지역, 스파클링 와인의 대표적인 산지 샹파뉴, 리즐링과 게브리츠트라미네의 화이트 와인이 좋은 알자스 지방, 저렴하면서 품질 좋은 와인이 많이 생산되는 론 밸리, 남부 프랑스 지역의 랑그독과 수드 웨스트 지역들이 있다. 한국에는 특히 보르도 와인이 지배적이고 부르고뉴 와인이 일부 소개되고 있지만 나머지 지역의 와인들도 나름대로 전통과 특색을 갖고 있어 보다 저렴하고 실속 있게 프랑스 와인을 즐기려면 이들 지역을 잘 연구해 보는 것도 중요하다.

1. 루아르LOIRE 고성지역

루아르 지역은 와인 이외에도 멋있는 고성들이 많고 파리에서 남서쪽으로 약 2시간 거리에 있어 시간 여유가 별로 없는 경우에도 한 번 들러 볼 만한 곳이다. 베르사유 궁 다음으로 방문객이 많다는 강 위의 성 쉬농소CHENON-CEAUX*1는 여성스러운 아름다움과 정원이 특색이다. 레오나르도 다빈치가 나이 들어 여생을 보낸 앙부아즈AMBOISE 성은 성주의 위엄을 잘 드러내는 견고함과 웅장함을 보여 주고 있으며 이 지역 와인도 꽤 쓸 만하다. 앙부아즈 성을 구경한 후 내려와 성벽에 있는 와인 숍에서 구입한 '앙부아즈 화이트 와인'은 저렴하면서도 달콤한 맛이라 한국인들이 비교적 선호할 만하다. 왕이 사냥을 할 때 주로 이용하던 샹보르CHAMBORD 성*2은 넓은 숲 속에 자리 잡은 화려한 성으로 얼핏 보기에는 좌우 대칭인 것처럼 보이지만 자세히 보면 하나하나가 다르게 되어 있는 재미있는 구조를 보이고 있다.

*1 pp.276-277 사진 참조
*2 pp.280-281 사진 참조

루아르 와인으로 추천할 만한 것으로는 상세르SANCERRE, 푸이 퓌메POUILLY FUME, 부브레VOUVRAY 등의 화이트 와인들이다. 파리에서 루아르로 가는 길에 있는 암벽 아래 와이너리와 많은 와인 숍들에 들어가면 언제든지 시음과 구매가 가능하다. 여름철 시원한 화이트 와인을 곁들여 고성을 탐방해 보는 것도 추천할 만한 코스이다.

⬆ 루아르La Vallee De La Loire 와인 지도

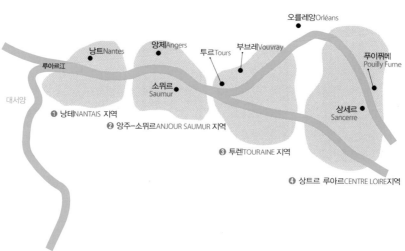

2. 샹파뉴^{CHAMPAGNE}

샹파뉴^{CHAMPAGNE} 지방은 발포성 와인인 샴페인으로 유명하다. 본래 발음은 샹파뉴라고 하는 것이 맞지만 영어식으로 샴페인이라고 굳어져 버렸다. 샹파뉴 지방은 연간 평균기온이 매우 낮아 와인이 발효를 멈추었다가 날씨가 풀리는 봄에 다시 발효가 시작되어 와인 병이 터져 버리곤 했다고 한다.

이에 착안하여 오빌레 베네딕토 수도원의 수도사였던 동 페리뇽^{DOM PERIGNON}이 기포를 간직한 스파클링 와인을 개발하게 되었고, 그의 이름은 아직도 프리미엄 샴페인의 브랜드로 쓰이고 있다. 다른 나라와 지역들에서도 발포성 와인들이 생산되지만 샹파뉴 지역에서 생산된 것만 샴페인이란 상표를 붙일 수 있어 다른 것들은 스파클링 와인이라 부른다. 그래서 이 지역 AOC에 속하는 밭에 포함되는 것만으로도 토지 가격이 크게 오른다고 한다.

동 페리뇽Dom Perignon 동상

1 모에 샹동 지하 까브
2 당시 나폴레옹 모습을 담은 그림
3 나폴레옹 1세가 머물던 황제의 방Imperial Room

우리 가족은 랭스 남쪽에 있는 샴페인 생산의 중심지인 에페르네EPERNAY를 찾아갔다. 그곳에서 대중적으로 인기가 있는 모에 샹동MOËT & CHANDON의 지하 까브를 방문했는데, 이곳 석회암 지대 지하 28km에 이르는 저장소에 숨죽이고 있는 샴페인이 수십만 병에 이른다고 한다. 좋은 샴페인은 한 병에 기포가 2억~3억 개 정도 올라온다고 하는데, 튤립 모양의 긴 샴페인 잔을 따라 끝도 없이 솟구치는 방울들을 보고 있으면 샴페인의 환상적인 역동성이 느껴진다. 그래서인지 샴페인은 축하 행사에 단골로 등장하여 몽환적이고 럭셔리한 분위기를 연출함에 손색이 없어 보인다.

나폴레옹 1세는 전쟁터에 출정하는 길에 모에 샹동이 자리한 이곳을 자주 방문하였다고 한다. 꼬냑에 이어 나폴레옹이 선호했던 술인 것이다. 그 당시 나폴레옹이 머물렀던 별장을 바라보니 과연 나폴레옹 1세는 모에 샹동이라는 샴페인을 들고 전쟁에 대한 구상을 어떻게 했었는지 궁금증이 밀려 들어오며, 샴페인이 축하행사용 이외 무언가를 구상할 때도 필요했던 것인가 하는 의구심이 들었다.

모에 샹동도 프랑스의 럭셔리 브랜드인 루이뷔통을 소유하고 있는 LVMH그룹이 운영하고 있다. 사실 LVMH는 루이뷔통, 모에 샹동, 헤네시의 이니셜을 따서 만든 이름이기도 한데, 샴페인, 꼬냑이 명품 이미지와 어울리니 관련 상품이미지를 통합하여 시너지 효과를 보려는 전략적 마케팅 차원일 것이다.

지역의 중심 도시인 랭스REIMS의 대성당은 특히 잔다르크의 도움을 받아 샤를 7세가 대관식을 올린 것을 비롯하여 역대 왕들의 대관식이 거행된 곳으로 유명하다. 그래서 랭스 성당이 프랑스 왕가의 정통을 잇는 상징적인 성소로 기억되고 있으며 이는 고딕양식의 대표적인 성당으로 프랑스 볼거리 중 하나이다.

지하 샴페인 셀러(까브)를 투어한 후에, 모에 샹동 샴페인 하우스에서 시음하는 시간

랭스Reims 대성당과 잔다르크 동상

3. 알자스 Alsace

알자스 지역은 독일과 접해 있는 프랑스 북동부에 있다. 독일과의 수많은 영토분쟁이 있던 곳이며 독일과 프랑스로 국적이 번복되는 역사적 배경으로 인해 프랑스에서 독일 분위기를 물씬 느낄 수 있는 곳이다. 스트라스부르STRASBOURG는 물론 콜마르COLMAR라는 도시는 16세기 식 나무 뼈대로 지어진 건물들과 그 사이를 흐르는 운하를 즐길 수 있는 구시가들이 유명하다. 스트라스부르 구시가에 있는 '라 쁘띠 프랑스LA PETITE FRANCE'는 운하 수면에 접해 있는 가옥들이 더욱 아름다워 보이는 곳이다. 겨울이면 이 두 곳 모두 대규모 크리스마스 시장이 열려 어릴 적 보던 독일식 뻐꾸기시계는 물론 각양각색의 특산물, 뱅쇼VIN CHAUD: 오렌지, 레몬, 계피, 설탕 등을 넣어 끓인 따뜻한 와인 등으로 수많은 관광객들을 100% 만족시켜주는 곳이다. 대학시절, 특별한 날이면 즐겼던 남산에 있던 프랑스레스토랑 이름이 '라 쁘띠 프랑스LA PETITE FRANCE'였는데, 그 이름이 여기에서 유래된 것을 안 것도 스트라스부르를 방문했을 때였다. 이렇듯 우리 생활에는 프랑스의 많은 것들이 함께하고 있었지만 그것에 대한 정보나 스토리를 모르니 그냥 지나쳤던 것이다.

스트라스부르 남쪽, 보주VOSGES 산맥 동쪽으로 폭 4km, 길이 120km에 걸쳐 포도원들이 프랑스에 또 하나의 와인가도를 이룬다. 일명 알자스 와인가도LA ROUTE DES VINS D'ALSACE. 이곳에서는 7가지 화이트 와인 품종이 생산되는데, 이 중 높은 산도와 드라이함으로 신선함을 주는 '리즐링RIESLING'은 가장 많이 생산되고 사랑을 받는다. 알자스 와인 병 모양 자체도 프랑스 여느 와인과 달리 날씬하고 기다란 모습을 하고 있어 보기만에도 화이트 와인의 청량감을 느끼게 한다. '리즐링'의 드라이한 그 맛은 생선회나 초밥 같은 담백한 음식과 잘 어울린다. 반면, 프랑스에 와서 알게 된, 개인적으로 좋아하는 와인은 게뷔르츠트라미너GEWÜRZTRAMINER. 강렬하고 향기가 진할 뿐만 아니라 풍미가 감미로워 리즐링보다는 더 인상적인 와인이다. 잔에 담긴 게뷔르츠트라미너의 강한 향의 매력은 잊히질 않는다. 더구나 이 와인은 태국이나 중국, 인도 요리 등 개성이 강하고 향신료의 맛이 느껴지는 그런 음식에 잘 어울린다. 한국의 맛이 강한 음식 등과도 안성맞춤이고 함께한 사람들의 관심을 한번에 끌어들일 수 있는 향이 있는 와인이라 모임을 시작할 때 추천하고 싶다.

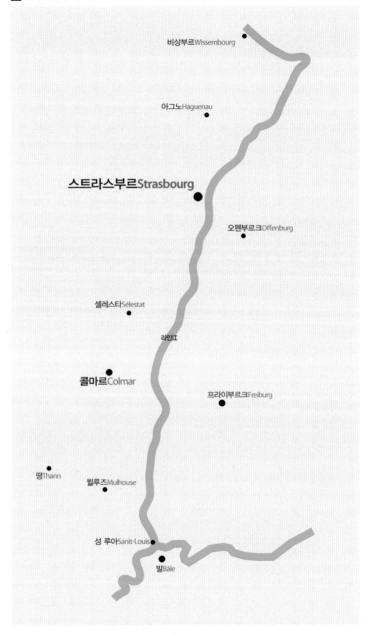

Epilogue

한국에서는 늘 타인과 함께하는 생활로 나 자신을 스스로 돌아보거나 나의 관점으로 나를 평가하지 못하고 남이 평가하는 내 모습만 만들어 왔다. 파리에 온 후 나 자신을 뒤돌아보며 재발견할 수 있어 타인 속에 비추어지는 내 모습보다는 나 자신의 내면을 강하게 할 수 있는 기회가 되었다. 생각하는 힘을 기르고, 깊은 생각은 어떤 경우라도 원하는 방법을 찾게 해 준다는 것도 알게 되어 새로움에 대한 도전이 이제는 덜 두렵게 느껴진다.

또한, 파리에 와 3년 살면서 달라진 점은 '다르다'는 것을 자연스럽게 인정하는 것이다. 피부색이 다르고 머리색깔도 다르고 먹는 것도 다르고 생각하는 방식도 다른 사람들을 이제는 자연스럽게 받아들이고 인정한다. 나는 비교적 고지식하고 보수적인 면이 강해서 나와 다른 사람, 나와 다른 생각을 가진 사람을 보면 그들의 다른 점을 이상한 것으로, 혹은 단점으로 만들어 거부하려는 경향이 꽤 강했다. 예를 들어, 일을 할 때도 나와 다른 생각과 접근 방식을 가진 사람은 쉽게 거부하게 되고 그들로부터 나를 방어하고자 하는 논리를 자꾸 만들어내며 점점 더 그들과 달라지려고 했었다. 그런데 파리에서 산 3년 동안, 나는 '다르다'는 것을 자연스럽게 받아들이고 이해할 줄 알게 되었다. 그들이 왜 다른지를 생각하며 접근하다 보니 그들의 생활방식과 사고방식은 오래전부터 이어져 내려온 그들의 문화와 역사HISTORY에 기인함을 찾게 되고 그러다 보니 더 그들을 이해하고 '다르다는 것을 받아들이고 존중해야 된다'는 것을 알게 되었다. 프랑스인은 물론, 아랍인, 중국인, 그 밖의 다양한 이민족들의 멜팅팟MELTING POT 같은 도시, 파리라는 곳은 나의 마음과 눈을 열어주고 넓혀준 곳이다. 따라서, 다름으로 인해 차별을 하거나 차별을 받으면 안 된다는 생각과 함께 '낯섦을 익숙함으로' 변화시키는 노력이 이제는 두렵지 않고 새로운 도전이 되어 오히려 삶의 활력소가 되는 듯하다.

지난 3년간 행복했던 시간을 글로 남겼다. 향후 남아 있는 것은 오직 기억뿐이고 실체는 어디에도 존재하지 않을 수 있다는 두려움에 파리에서의 느낌을 잃어버리기 전에 하나하나 적어가던 것이 이제 책이라는 실체로 만들어진 것이다. 어렴풋이 좋다고 느꼈던 것들을 글로 담아내면서 비로소 나의 것으로 만들 수 있었다.

사실, 사춘기에 들어서는 딸아이와 함께하기 위해 하던 일을 관두고 파리행을 선택해야 했다. 지난 3년간 함께하는 시간을 많이 가지면서 부모가 생각하는 소중한 가치를 심어주고 '밥상머리' 교육을 하며 서로의 공감대를 만들어 간 것이 나에게는 큰 소득이다. 또한, 함께한 시간을 이렇게 책으로 남기니 더욱 보람 있다.

요즈음 딸아이가 커 갈수록 더욱더 바른 생활을 해야겠다는 생각이 든다. 나 자신이 게을러지면 딸아이도 어느 순간 맘이 느슨해지고, 나 자신이 부지런히 뭔가에 몰두하면 아이도 자연스럽게 나의 모습을 따르고 있는 것을 알게 된 순간부터는 딸아이가 이제는 나를 이끌어주는 스승과 거울과 같이 느껴진다.

책을 쓰면서도 곁에서 부지런히 써 나가도록 도와 준 딸, 지원이한테 고맙다는 말을 전하고 싶다. 그리고 내가 무엇을 하든 항상 옆에서 용기를 주고 물심양면으로 도와주는 남편한테도 사랑의 메시지를 전하고 싶다. 특히 나에게 파리에서 살 수 있는 기회를 만들어 준 남편에게 다시 한번 감사의 말을 전하고 싶다.

마지막으로 글재주 하나 없는 나에게 생각을 정리하고 작은 글이나마 적어가도록 해주신 하느님께 감사의 기도를 올린다.